Rund um den Starnberger See

D1728855

Manfred Hummel

Rund um den Starnberger See

Eine nicht alltägliche Entdeckungsreise

BERG & TAL

Inhalt

Vorwort

In einem sind sich die Chronisten von Lorenz von Westenrieder bis zu Kreisheimatpfleger Gerhard Schober einig: der Starnberger See zählt zu den schönsten Seen des bayerischen Voralpenlandes, wenn er nicht gar der schönste ist. Deshalb sei Ihnen zur Wahl des Ausflugszieles gratuliert. Der See liegt inmitten sanfter, dicht bewaldeter Moränen-Hügel. Erst in gebührender Entfernung erheben sich Wetterstein- und Karwendel-Gebirge mit ihren Vorbergen zu einer grandiosen Kulisse. Diese Laune der Natur verleiht dem See etwas Heiteres, Befreiendes. Wer mit der Bahn in Starnberg ankommt und hinaus auf die Seepromenade tritt, der spürt beim Blick auf blaues Wasser, grüne Hügel und schneebedeckte Berge: Jetzt beginnt der Urlaub. Westenrieder schreibt 1784: »Die ganze Natur umher ist fröhlich, sanft und gefällig, und entfernet mühsame Gedanken, und schwülstige Pracht. Ein süßer Schauder des Vergnügens hebet das Herz des Stadtbewohners, und mit jedem Blick fühlt er sich leichter, und fühlt aus seiner Seele die Sorge weichen.« Die zwanglose Atmosphäre der Flaneure, das Gewusel an den Stegen, wenn die Dampfer an- oder ablegen, das Treiben der Wasservögel, eisschleckende Kinder und erwartungsvolle Bootsverleiher – das war vor hundert Jahren nicht anders.

Ein paar Daten: Der See ist 20,2 Kilometer lang, maximal 4,7 Kilometer breit und bis zu 127,8 Meter tief. Er hat ein Volumen von drei Milliarden Kubikmeter und bedeckt eine Fläche von 56,36 Quadratkilometer. Abfluss ist am Nordende die Würm. Über sie gelangt das Wasser des Sees in Isar und Donau bis ins Schwarze Meer. Der See hat keinen großen Zufluss. Er speist sich durch unterirdische Quellen und Bäche.

Das Fahrrad ist das beste Verkehrsmittel, um zu erkunden, was sich an den Ufern hinter dem grünen Mantel verbirgt. Nur mit dem Radl finden Sie jene abgelegenen, idyllischen und wenig überlaufenen Badeplätze, die es immer noch am See gibt. Wir wollen uns Zeit nehmen für die zahlreichen Sehenswürdigkeiten, und das leibliche Wohl soll ebenfalls nicht zu kurz kommen. Lauschige Biergärten und Restaurants direkt am Ufer laden dazu ein. Deshalb plädieren wir hier für eine gemütliche Rundtour, für die Sie gut und gerne sechs bis acht Stunden veranschlagen sollten. Auch mit Rücksicht auf die Schwächeren in ihrem Radlteam, denn für einen Ungeübten stellt die Seetour schon eine Herausforderung dar. Wir wollen ja nicht den Teilnehmern des alljährlich im Sommer stattfindenden Tutzinger Triathlons Konkurrenz machen. Die Besten schaffen die 52 Kilometer-Distanz in einer Stunde und 20 Minuten. Anders als die Rennradler bevorzugen wir die Wege direkt am Seeufer. Es soll ja ein beschaulicher Ausflug werden, der auch Zeit zu einem kleinen Plausch am Wegrand bietet. Dann wird man schnell feststellen, dass auch ganz normale Menschen hier leben, andere, als es das Klischee von den »Reichen am See« suggeriert.

Die folgenden Kapitel erzählen von bekannten und weniger bekannten Leuten und ihren nicht minder berühmten Villen am See, bieten eine Fülle aktueller Informationen, lassen aber auch frühere Zeiten wieder lebendig werden. Zum Beispiel, als Ludwig II. mit »Sisi«, der Kaiserin Elisabeth von Österreich, auf der Roseninsel geheime Botschaften austauschte.

Und nun aufgestiegen und viel Spaß bei der Tour.

Manfred Hummel und Sabine Bader
Wimpasing, im Mai 2011

Blick von den Löwen am Midgardhaus in Tutzing über den See auf das Ostufer und die Berge. Hier kann die Seele baumeln.

Wir umrunden den See gegen den Uhrzeigersinn. Damit fahren wir vormittags am Westufer und nachmittags am Ostufer in der Sonne. Leider existiert kein durchgehender Radweg. Nur Gemeinden wie Berg, Münsing und Bernried sind mit gutem Beispiel vorangegangen. In den Erholungsgebieten und auf den Promenaden müssen Fußgänger und Radler miteinander auskommen. Auf der Tour lauern vier Gefahrenpunkte: in Starnberg die Einmündung des Unteren Seewegs in die Possenhofener Straße sowie deren Verlauf bis zum Erholungsgelände Paradies. In Tutzing 50 Meter auf der Hauptstraße in Höhe der Realschule, 80 Meter vor dem östlichen Ortseingang von Seeshaupt sowie 50 Meter kurz vor der südlichen Ortseinfahrt von St. Heinrich. Bisher hat es am starken Willen aller Beteiligten gefehlt, diese Gefahrenquellen zu beseitigen.

Etappe 1 • Starnberg – Possenhofen

Streckenlänge rund fünf Kilometer. Nach der Starnberger Seepromenade (Heimatmuseum, Undosa) und dem Unteren Seeweg auf der verkehrsreichen Possenhofener Straße durch Niederpöcking (Alte Villen) bis zum Erholungsgelände »Paradies«. Dort in Höhe des großen Kiosks am zweiten Parkplatz nach links durch das Parkgelände, vorbei an Schloss Possenhofen und der Dampferanlegestelle. (Achtung! Fahrradfahren auf den Seepromenaden, in Parks und Naherholungsgebieten offiziell verboten.) Auf der Straße weiter zu einer Bootswerft samt großem Jachthafen und der Gaststätte »Schiffsglocke«.

Etappe 2 • Possenhofen – Feldafing – Tutzing

Streckenlänge rund sechs Kilometer. Am Ortsende von Possenhofen auf der Teerstraße ein kurzes Stück den Berg hinauf, nach links in den Wald. Weg im Wald abschüssig. Vorbei an einem Bootshafen, dem exklusiven Restaurant »Forsthaus am See« mit der »Nackerten-Wiese« und dem Strandbad Feldafing (Vorsicht! Bei schönem Wetter viel Betrieb, auf dem Schotterweg am See Sturzgefahr). Am Ufer entlang durch den Lenné-Park (Vorsicht! Golfbälle) zu einem von Platanen gebildeten Rondell. Ablegestelle für die Fähre zur Roseninsel, Aussichtspunkt. Über teilweise schmale Wege nach Garatshausen (Schloss Garatshausen, Albers-Villa). Rast- und Bademöglichkeit im Strandbad Garatshausen und im Nordbad. Über »Härings Wirtschaft« mit lauschigem Biergarten und den Brahmsweg zum Tutzinger Dampfersteg.

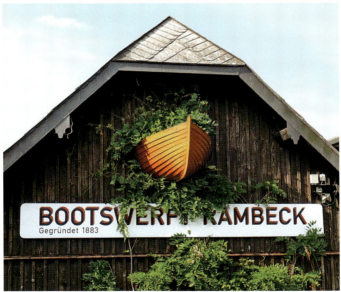

Eng mit der Geschichte des Segelsports am See ist die 1883 gegründete Bootswerft Rambeck an der Würm in Percha verbunden.

Lauschige Plätze wie hier am Brunnen im Innenhof bietet die Evangelische Akademie im Tutzinger Schloss.

Etappe 3 • Tutzing – Bernried

Streckenlänge rund sieben Kilometer, eine Steigung. Von der Dampferanlegestelle auf der Teerstraße in den Ort. In Höhe des Hotels Seehof nach links entlang der Mauer des Tutzinger Schlosses (Evangelische Akademie) zum Friedhof an der alten Kirche. Aussichts- und Rastplatz. Über schmalen Weg zum Tutzinger Gymnasium, Aussichts- und Rastplatz. Weiterfahrt am See nicht möglich. Entlang der Turnhalle zur Hauptstraße (Vorsicht! Stark befahren, am besten absteigen und Fahrrad auf dem schmalen Gehsteig schieben). Nach rund 200 Metern in Höhe des Gröberwegs nach links in den Kustermannpark, auf geteertem Spazierweg am See entlang bis zum Deutschen-Touring-Yachtclub. Hinter dem Südbad auf der Lindenallee nach Unterzeismering (Vorsicht! Ausfahrten kreuzen den Weg). Nach einer kurzen

Wegstrecke neben der Straße am Naturschutzgebiet Karpfenwinkel nach links über einen Feldweg den Berg hinauf, vorbei an der Klinik Höhenried auf dem geteerten Radweg nach Bernried.

Etappe 4 • Bernried – Seeshaupt

Streckenlänge sechs Kilometer. Am Ortsanfang von Bernried bei Einfahrt zum Hotel Marina nach links hinunter zum See und zur Dampferanlegestelle. Auf geteertem Weg am Kloster entlang in den Bernrieder Park. Auf idyllischer Strecke durch alten Baumbestand und Schilfzonen »Natur pur«, vorbei am Teehaus und dem Schloss Seeseiten zum Gasthof Seeseiten, Einkehrmöglichkeit, Aussichtspunkt. Einige hundert Meter auf der Straße, dann nach links in Fußweg. An dessen Ende zurück auf die Straße. In Ortsmitte nach rechts Richtung Penzberg und wenige Meter darauf nach links in den d'Allarmi-Weg abbiegen, Aussichtspunkt (Osterseen, Alpenkette mit Zugspitze). Über die Straße An der Ach zurück auf die Hauptstraße.

Etappe 5 • Seeshaupt – St. Heinrich – Ambach

Streckenlänge neun Kilometer. Nach dem Ortsende von Seeshaupt herrlicher Blick über den ganzen See Richtung Starnberg, Bänke laden zur Rast ein. Auf geteertem Radlweg nach St. Heinrich, weiter auf der Straße bis zur Abzweigung »Erholungsgelände Ambach«, am See entlang bis zum Ortsanfang von Ambach. Anschließend auf der Uferstraße bis zum Dampfersteg und dem Gasthof Bierbichler.

Etappe 6 • Ambach – Ammerland

Streckenlänge fünf Kilometer. Nach gut einem Kilometer gabelt sich die Uferstraße, nach links Richtung Ammerland vorbei an öffentlich zugänglichem Badeplatz, Bänke zum Ausruhen, erst nach der Abzweigung nach Holzhausen öffnet sich der Weg zum See hin, lange öffentliche Strände laden zum Bad im Schein der Nachmittagssonne ein (Vorteil der Seeumrundung gegen den Uhrzeigersinn). In Ammerland Zusteigemöglichkeit zum Dampfer, Gasthof Sailer mit schön gelegenem Biergarten.

Etappe 7 • Ammerland – Leoni

Streckenlänge sechs Kilometer. Auf der Ortsstraße den Berg hinauf, in halber Höhe nach links abbiegen, vorbei am Pocci-Schloss in den Wald hinein. Entlang der Seestraße Bade- und Rastmöglichkeit auf breiten, idyllisch gelegenen Kiesbänken, am Weg die Seeburg und Schloss Allmannshausen. Kurz vor Leoni sehenswerte alte Villen. Neben dem Seehotel Dampferanlegestelle.

Etappe 8 • Leoni – Berg

Streckenlänge zwei Kilometer. Vorbei an der Bootswerft Simmerding in den Park von Schloss Berg, dort entweder nach links am Ufer entlang zum Kreuz im See, das an den Tod von Ludwig II. erinnert, oder nach rechts den Berg hinauf zur Votivkapelle. Über den Hauptweg, vom Ufer aus nur nach einer kleinen Kletterpartie mit dem Rad auf der Schulter zu erreichen, aus dem Park hinaus bis zum Hotel Schloss Berg. Dampferanlegestelle.

Etappe 9 • Berg – Percha – Starnberg

Streckenlänge sechs Kilometer. Zwischen privaten Seegrundstücken linker und Villen hinter hohen Zäunen rechter Hand auf der Seestraße weiter. Nach einem Kilometer nach links durch das Erholungsgebiet, schöne Aussicht auf die Starnberger Bucht und die Stadt Starnberg, Bade- und Einkehrmöglichkeit in den Seestuben Percha. Letzte Hürden vor dem Ziel sind zwei Zugbrücken, die mit dem Rad auf der Schulter zu überwinden sind. Weiter auf der Straße, vorbei an einem Hafengelände, dem Hallenbad und Landratsamt über den Nepomukweg auf die Seepromenade zum Ausgangspunkt.

Graf-Tour • Starnberg – Percha – Berg – Aufkirchen – Kreuzweg – Berg – Starnberg

Streckenlänge der Rundtour 18 Kilometer, reine Fahrzeit 2 Stunden, mit Besichtigungen und Brotzeitpause rund 4,5 Stunden. Vom Starnberger Bahnhof nach Osten in Richtung Percha und von dort aus entlang der Staatsstraße nach Berg. Nach Besichtigung des Graf-Geburtshauses geht es nach Aufkirchen und über Aufhausen und den Kreuzweg zurück nach Berg. Für die Rückfahrt nach Starnberg empfiehlt es sich, den Weg am See entlang zu nehmen (siehe Etappe 9).
Alternativ ist auch die Rückfahrt mit dem Schiff möglich.

Sisi-Tour • Starnberg – Possenhofen – Roseninsel – Feldafing – Starnberg

Streckenlänge 20 Kilometer. Wie bei Etappe 1 nach Possenhofen, weiter nach Feldafing zur Roseninsel, vom Glockensteg mit der Fähre hinüber auf die Insel, nach dem Besuch durch den Lenné-Park hinauf zum Hotel Kaiserin Elisabeth, über die Ortsstraße zur alten Kirche, dann wieder hinunter zum See und auf demselben Weg zurück nach Starnberg. Reine Fahrtzeit etwa 2 Stunden, mit Besichtigungen 6,5 Stunden. Die Tour kann auch mit dem Schiff von Starnberg über Berg nach Possenhofen und von dort über die Roseninsel nach Feldafing zu Fuß zurückgelegt werden. Vom Feldafinger Bahnhof aus Rückfahrmöglichkeit mit der S 6 nach München.

Tipps für die unbeschwerte Radltour

Vor der großen Rundtour sollten Sie sich vergewissern, ob Ihr Fahrrad auch verkehrssicher ist.

Bremsen: Müssen gut funktionieren; abgefahrene Gummis auswechseln, eventuell Zug nachstellen; bei Rücktrittbremse Kette prüfen und eventuell nachspannen oder lockern.

Reifen: Sollen genügend Luft haben (geringerer Rollwiderstand ermöglicht leichteres Fahren); gegebenenfalls aufpumpen, Ventil untersuchen. Auf jeden Fall eine Luftpumpe, Ersatzventile, Flickzeug und Werkzeug (Knochen) mitnehmen.

Sattel: Wichtige Voraussetzung für angenehmes Fahren ist ein nicht zu weicher Sattel und die richtig eingestellte Sitzposition. Die Füße sollten mit den Ballen – nicht den Fersen oder der Fußmitte – auf den Pedalen stehen. Die Kraft wird in dieser Position am besten und ohne Verluste umgesetzt.

Lenkstange: Darf nicht zu tief oder zu hoch sitzen und muss fest verschraubt sein.

Licht: Unerwartet kann sich die Tour bis in die Dunkelheit hinziehen. Eine ordnungsgemäße und funktionierende Beleuchtungsanlage (Vorder- und Rücklicht) kann Leben retten. Auf alle Fälle spätestens dann mit Licht fahren, wenn die Straßenbeleuchtung brennt, beziehungsweise die Mehrzahl der Autos mit Licht fährt. Zwei Speichenreflektoren an jedem Laufrad anbringen.

Radfahren mit Kindern: Verkehrsreiche Straßen ohne Radwege meiden; Kinder nicht durch lange Strecken überfordern; bei der Mitnahme von kleineren Kindern auf einen geeigneten Kindersitz achten; fabrikationsbedingte Gewichtsgrenze und

Höchstalter von sieben Jahren berücksichtigen; nur Kindersitze mit Befestigung am Rahmen und in Fahrtrichtung auswählen. Fahren zwei Erwachsene mit Kindern, sollten die Erwachsenen Anfang und Ende der Gruppe bilden. Fährt ein Erwachsener mit einem Kind, sollte er hinter dem Kind fahren.

Queren von Seitenwegen und -straßen: Vorsicht vor Fahrzeugen, die aus unübersichtlichen Seitenstraßen oder Einfahrten herausfahren. Acht geben auf Hunde, die auf gemeinsam mit Fußgängern genutzten Wegen plötzlich ins Rad laufen können. Am besten auch mit Rücksicht auf die Fußgänger ein gemütliches Tempo einlegen, da sieht man mehr.

Abbiegen nach links: Nach hinten umschauen, Verkehr beobachten, deutliches Handzeichen geben.

Gepäck: Taschen und Gepäck nie am Lenker transportieren, sondern am besten in einem Fahrradkorb, der auf dem Gepäckträger festgeklemmt oder fest installiert werden kann. Keine Jacken oder Schals heraushängen lassen.

Kleidung: Leichte Sportkleidung, beziehungsweise spezieller Raddress, weite Hosen können rechts in die Kette geraten, deshalb Gummiband oder Klammer mitnehmen, eine warme Jacke, Regenumhang, Kopfbedeckung gegen die Hitze oder am besten ein Helm. Als lebensrettendes Utensil sehr zu empfehlen. Helme sind nicht teuer und sehen auch noch flott aus.

Notfall-Set: Jod, Pflaster, Mullbinde, Salbe für wunde Stellen.

Verpflegung: Rund um den See gibt es viele Einkehrmöglichkeiten, Kioske und Läden, so dass man sich mit Proviant nicht übermäßig belasten sollte, Fitnessriegel ausgenommen. Wichtig ist aber, den Flüssigkeitsverlust auszugleichen, am besten mit

Wasser. Isotonisches Getränkepulver bringt neue Energie, Vitamine und Mineralstoffe.

Radfahren bei Regen: Fahrweise der Witterung anpassen; besondere Vorsicht bei Felgenbremsen; Vorsicht bei glatten Straßenbelägen, -markierungen und Querrinnen. Regenkleidung sollte immer mitgeführt werden und auffällig, am besten reflektierend sein.

Fahrrad in U- und S-Bahn: Fahrräder mit mehr als 20 Zoll Reifengröße dürfen in U-Bahn und S-Bahn außerhalb der Hauptverkehrszeiten (Montag bis Freitag von 6 bis 9 Uhr sowie von 16 bis 18 Uhr) mitgenommen werden. Während der Schulferien gilt nur die Sperrzeit am Vormittag. Die Sperrzeiten gelten nicht bei Mitnahme in den Gepäckwagen und Mehrzweckabteilen der Regionalzüge. In Bussen und Trambahnen dürfen nur gefaltete Klappräder transportiert werden. Für diese ist kein Ticket erforderlich. Tandems können nur in S-Bahnen und Regionalzügen mitgenommen werden. Die »Fahrradtageskarte des MVV« gilt für die Mitnahme eines Fahrrads im MVV-Gesamtnetz an einem Tag (Sperrzeit beachten). Sie kostet für das Gesamtnetz 2,50 Euro, ist vor Fahrtantritt zu entwerten und gilt bis zum nächsten Tag 6 Uhr morgens. Kinderräder und Klappräder werden unentgeltlich befördert. www.mvv-muenchen.de.

Fahrrad im Zug: Im Nahverkehr ist die »Fahrradkarte Bayern« zum Beispiel in Verbindung mit einem Bayernticket für 4,50 Euro erhältlich. Sie gilt einen Tag. www.bahn.de/bahn-undbike.

Fahrrad auf dem Schiff: Aus »Platz- und Sicherheitsgründen« (TÜV-Auflagen bezüglich Fluchtwege) nimmt die Staatliche Seenschifffahrt Fahrräder nur in begrenzter Anzahl mit. Die

Entscheidung trifft die Schiffs-besatzung. Bei vollbesetzten Schiffen dürfte es schwierig werden. Ein Fahrradticket ko-stet 2,50 Euro (Stand: 1.1.2011) und gilt den ganzen Tag. Das MVV-Fahrradticket wird jedoch nicht akzeptiert. www.seenschifffahrt.de

Fahrradverleih: Fahrräder verleihen einige Radl-Ge-schäfte am See.

Ein funktionstüchtiges Fahrrad ist eine wichtige Voraussetzung für die angenehme Radltour.

Starnberg: Bike it, Bike Tours & More, Bahnhofstraße 1, 82319 Starnberg (200 Meter vom Bahnhof See), Tel: (0 81 51)-74 64 30; www.bikeit.de, werktags 10–13 u. 14–18 Uhr, Sa. 10–13 Uhr und nach Vereinbarung; 10 Tourenräder, ein Rad kostet pro Tag 15 Euro.

Tutzing: Ingo Dillitzer, Hauptstraße 68, 82327 Tutzing (10 Mi-nuten vom Bahnhof), Tel: (0 81 58)-62 47; werktags 8.30–12.30 Uhr, 14.30–18 Uhr, samstags 8.30–12.30 Uhr; 20–25 Tourenrä-der mit Ketten- und Nabenschaltung, zwei Kinderräder; ein Rad kostet pro Tag 10 Euro. Die Räder sollen bis zur Dunkelheit zu-rückgegeben werden. Eine Vorbestellung ist nicht möglich.

Movelo-Fleyer-Store, Elektrofahrräder, Bahnhofstr. 22, 82327 Tutzing, Tel: (081 58)-90 55 80

Blick vom Schlosspark in Starnberg auf das Ostufer und die Wallfahrts-
kirche von Aufkirchen.

Die Zahl der Radlgeschäfte rund um den Starnberger See, die
auch Fahrräder verleihen, ist rückläufig. Zu schlecht waren die
Erfahrungen, welche die Geschäftsleute damit gemacht haben. In
manchen Fällen bekamen sie die Räder in einem dermaßen
schlechten Zustand zurück, dass die Reparatur teurer wurde als
die Einnahme aus der Leihgebühr. Deshalb ist anzuraten, mit
dem eigenen Radl anzureisen. Da weiß man, was man hat.

Die Staatliche Seenschifffahrt hat übrigens aus dem Andrang der
Radler Konsequenzen gezogen. Bisher steht es im Ermessen der
Besatzung, bei einem voll besetzten Schiff Fahrradfahrer zurück-
zuweisen. Auf dem Starnberger See verkehrt als Ersatz für die
„Seeshaupt" jedoch ab der Sommersaison 2012 ein neuer Aus-
flugsdampfer, auf dem auch 30 Fahrradständer bereit stehen.

Suppe am Morgen,
Suppe am Abend

*Das Heimatmuseum erzählt vom kargen Leben der
Fischer am See und der Geschichte des Fremdenverkehrs*

In der Stube sitzen Ursula und Josef Gröber am Tisch. Sie schält
Äpfel, er flickt ein Netz. Auf dem Wandbrett steht eine Petro-
leumlampe für den Abend. Zwei Katzen leisten dem Ehepaar Ge-
sellschaft. Das Foto dieser Szene entstand um 1910. Seile und
Netze an der Wand sind längst verschwunden. Dafür illustrieren
Arbeits- und Gebrauchsgegenstände und historische Möbel das
Leben am See. Karg war die Ernährung. In der Vorratskammer
hängt ein Wochen-Speiseplan von 1908: morgens Suppe mit Kartoffeln, Mehl oder Brot, abends Suppe mit Kartoffeln, mittags zur
Abwechslung Knödel, Kraut oder gebackene Nudeln mit Kletzen
(Dörrbirnen). Am Sonntag kamen Innereien auf den Tisch. Bevor
sich die Kartoffel in Bayern durchsetzte, ernährten sich die Menschen vorwiegend von kalorienreichem, aber alkoholarmem Bier
und Brot. Von den einfachen Räumen im Parterre heben sich die
Zimmer im ersten Stock deutlich ab. Der Flachschnittfries, die Be-
malung der Decke und die Holzvertäfelungen geben ihnen etwas
Edles. Hier logierte bisweilen auch der königliche Hof, wenn er
bei Aufenthalten am See von den Unbilden der Witterung über-
rascht wurde.

Wir befinden uns im Starnberger Heimatmuseum. Vom See ab-
geschnitten, führt es hinter dem Bahndamm ein Schattendasein.
Kustos Friedrich Prußeit freut sich deshalb über jeden Besucher.
Die Einheimischen würden selten den Fuß über die Schwelle des
300 Jahre alten Hofes setzen, Schulklassen einmal ausgenommen. Es sind Auswärtige wie die Radler, die sich eine Stunde
Zeit nehmen, um in die Historie des Starnberger Sees einzutau-

chen. Wir betreten das Haus durch den Stall. Der Bodenbelag besteht aus groben Flusskieseln, den »Bummerln«. Geräte für die Getreideernte, die Stallarbeit und die Viehfütterung stehen herum. Von der rußgeschwärzten Feuerstelle in der Küche wird auch die Stube beheizt.

Bevor 1865 die Bahnlinie von Starnberg nach Tutzing verlängert wird, liegt der behäbige dunkle Holzbau noch direkt am »Würmsee«, wie der Starnberger See vor 1962 hieß. Nur die Fischereigenossenschaft nennt sich heute weiter trotzig »Würmsee«. Seit dem Jahr 1914 beherbergt das Lochmannhaus, so der Hofname, das Heimatmuseum und ist selbst wichtigstes Ausstellungsstück. Zur Eröffnung kam Ludwig III., Bayerns letzter König. Die früheren Hausbewohner betrieben die Fischerei im Nebenerwerb und besserten so ihren kargen Lebensunterhalt auf. Die Bauern am See waren auch nur Zaungäste der höfischen Spektakel auf dem See, profitierten allenfalls als Ruderer und Nahrungsmittellieferanten.

Der neue Anbau des Museums bringt endlich auch die höfische Schifffahrt besser zur Geltung und dürfte dem Heimatmuseum, verbunden mit Wechselausstellungen, in Zukunft mehr Aufmerksamkeit bescheren. Attraktionen sind der »Delphin«, ein Ruderboot mit verglastem Kabinett von 1820/25, das einzige noch erhaltene Boot des bayerischen Königshauses. Dazu die Hecklaterne der Prunkgaleere »Bucentaur«. Sie machen dem bisherigen »Star« des Museums Konkurrenz, einer wundervoll leichten und entrückt wirkenden Heiligenfigur von Ignaz Günther von 1755.

Dazu gesellen sich Abteilungen, die den See als Erwerbsquelle und Stätte des Vergnügens zeigen. Im Mittelpunkt stehen die Fischerei, der Transport auf dem Wasser und der Fremdenverkehr. Dem Adel folgen Ende des 18. Jahrhunderts die Künstler. Einem Zug der Zeit entsprechend, verlassen sie ihre Ateliers, um den Reiz der Natur abzubilden. Moritz von Schwind und andere lassen sich in Niederpöcking nieder, Franz von Lenbach in Söcking, der Historienmaler und Akademiedirektor Karl von Piloty in Ambach. Die Gemälde der Künstler locken wiederum das Bürgertum an. Um 1810 errichten sie die ersten Villen, die reine Sommerhäuser waren. Ihnen folgen die Ausflügler aus der nahen Landeshauptstadt. War Starnberg bis dahin ein verschlafenes Fischerdorf, so ändert sich das schlagartig, als der weitsichtige Baurat und Unternehmer Ulrich Himbsel 1854 eine Bahnlinie von Pasing nach Starnberg eröffnet. Die Bahn bringt die Passagiere für Himbsels Dampfschiff »Maximilian«, das seit 1851 fahrplanmäßig auf dem See verkehrt. Deshalb führt er die Bahn auch direkt an das Seeufer heran. Bald bleiben die Gäste nicht mehr nur einen Tag: Die Familien verbringen einen mehrwöchigen Urlaub in der Sommerfrische. Rund um den See entstehen luxuriöse Hotels. Der »Bayerische Hof« in

Das Lochmann-Haus in Starnberg beherbergt das Heimatmuseum der Stadt und ist selbst wichtigstes Ausstellungsstück.

Starnberg und das Feldafinger Hotel »Kaiserin Elisabeth« zeugen heute noch davon. 1888 wird an der Seepromenade erstmals eine Badeanstalt erbaut, in der strikt die damals noch übliche Geschlechtertrennung gilt. 1905 entsteht nach umfangreichen Bauarbeiten das »Undosa-Wellenbad«. Es ist das erste Bad in Deutschland, das Wellenschlag durch eine Wellenmaschine erzeugt. Daher auch der lateinische Name des Seerestaurants: Undosa, vom lateinischen »unda«, die Welle, was so viel heißt wie »die Wellenreiche«. Das Wellenbad ist zur damaligen Zeit eine Riesenattraktion. Was heute in Berlin und München als letzter Schrei gilt, gehört seinerzeit auch schon zu den Attraktionen: Strandkörbe und künstlich aufgeschütteter Sandstrand. Und eben das Wellenbad, in dem sich die Münchner Jugend aalt und die schnurrbärtigen Beaus im langen Badeanzug herumstolzieren. Aus dieser Zeit stammen die ersten Riesenschirme im Seegarten. 1921 wird das Wellenbad geschlossen und die Wellenmaschine abgebaut, 1978 wegen Baufälligkeit für immer zugesperrt und 1983 abgebrochen.

Mondäne Hotels, die Seepromenade, entstanden durch Aufschüttungen, Badeplätze, Bootsverleih, Dampferfahrten, Rudervereine und exklusive Yachtclubs, ganz besonders aber die Nähe zu den »Royals«, all das ist »Sommer in Starnberg«. Die ersten Reiseführer wie der von A. Link zeigen den Gästen anhand von Vignetten, wo welcher Promi wohnt. Heute legen gerade sie Wert auf Anonymität, fehlen die Namen auf den Türschildern der Villen. Nach und nach werden aus den Sommerdomizilen feste, ganzjährige Wohnsitze. Starnberg erlebt nach dem Zweiten Weltkrieg einen regelrechten Bauboom. Viele Wohnungen in München sind zerbombt. Dazu ermöglicht die Motorisierung das Wohnen fern des Arbeitsplatzes. Und die Stadtbewohner strömen am Wochenende hinaus an den Starnberger See. Er wird endgültig zur »Badewanne der Münchner«. Sie kommen in langen Blechkolonnen auf der »Olympiastraße«. Der Bau der Autobahn 1970 und die S-Bahn 1972 haben die Attraktivität der Seeufer-Gemeinden als

Die obere Stube des Heimatmuseums bildet mit ihrer Vertäfelung einen Kontrast zum bäuerlichen Parterre.

stadtnaher Wohnort weiter erhöht – und damit natürlich auch die Grundstückspreise, Mieten und Lebenshaltungskosten. Die rasante Entwicklung spiegelt sich wieder in den Einwohnerzahlen Starnbergs: 1871 waren es 1147, vor dem Zweiten Weltkrieg 5846, 1946 schon 8540, 1960 dann 10 490, 1978 nach der Gebietsreform 17 517 und 2006 schließlich 22 950.

Seitdem leidet Starnberg, das als ehemaliges Fischerdorf und verschlafenes Städtchen nicht für diesen Ansturm gerüstet war, vor allem unter dem Verkehr. Eingezwängt zwischen See und Hügellandschaft, fließt der gesamte Verkehr durch eine Ader in Nord-Süd-Richtung. Seit Jahrzehnten wird über einen Tunnel diskutiert, der Entlastung schaffen soll. Und die Bahn schneidet nicht nur das Heimatmuseum vom See ab, sondern die gesamte Stadt. Auch hier ist eine allseits befriedigende Lösung noch nicht gefunden.

Von Starnberg nach Niederpöcking

Gleich nach dem Start am Dampfersteg biegt, wer Lust und Zeit hat, bei der nächsten Gelegenheit nach rechts ab unter der niedrigen Bahnunterführung durch und sofort nach links ein kurzes Stück zum Starnberger Heimatmuseum. Die Sammlung in dem alten Fischerhaus ist sehenswert und gibt einen schnellen Überblick über Geschichte und Brauchtum am See. Öffnungszeiten dienstags bis sonntags von 10 bis 12 und von 14 bis 17 Uhr. Kurz vor dem Ende der Seepromenade liegt das Restaurant »Undosa«. Die Löwenfigur am südlichen Ende der Promenade stammt vom Heck des längst abgewrackten Raddampfers »Bavaria«.

Auf dem Weg zu unserem ersten Etappenziel Niederpöcking gibt es aus der Sicht des Radlers nicht viel zu berichten. Zu erwähnen wäre, dass hier am See von 1911 bis 1932 der Schriftsteller des Okkulten und Verfasser des Golem, Gustav Meyrink, wohnte. Sein »Haus zur letzten Latern« (Unterer Seeweg 4) musste einem Neubau weichen. Meyrink liegt auf dem Friedhof an der Hanfelder Straße begraben. Am Unteren Seeweg geht es vorbei am Münchner Ruder- und Segelverein, am Hochschulsportinstitut der Technischen Universität, wo Studenten der Münchner Unis das Segeln lernen, und am Münchner Yachtclub. Dazwischen liegt das Steininger-Grundstück, das die Stadt erworben und zur Liegewiese ausgebaut hat. Bei sommerlichen Temperaturen bietet es sich als Badegelände an. Doch wir wollen ja weiter. Weil sich das Seeufer in Privatbesitz befindet, müssen wir nach dem Unteren Seeweg auf die viel befahrene Possenhofener Straße ausweichen. Der Übergang erfolgt an einer unübersichtlichen Stelle unmittelbar nach einer Bahnunterführung.

Paradebeispiel für die Landhäuser in Niederpöcking ist die im Maximilian-Stil erbaute Villa Knorr.

Höchste Vorsicht ist geboten. Es geht vorbei an der DGB-Bundesschule, der Villa der Familie von Miller (Possenhofener Straße 11) und der Knorr-Villa (La Villa). Die alten Häuser sind repräsentativ für eine Villenkolonie, die Mitte bis Ende des vorletzten Jahrhunderts in Niederpöcking entstand. Sie hieß im Volksmund auch »Protzenhausen«. Ob die einst dicken Kröten, die Protzen, Namensgeber waren, oder aber die wohlhabenden Herrschaften aus der Stadt, ist nicht geklärt. Der Maler Moritz von Schwind, der damals auch in der Kolonie wohnte, hat sich jedenfalls maßlos über den Namen geärgert.

Durch die hohen Hecken und Zäune ist oft nur ein Blick auf den Eingangsbereich zu erhaschen. Man liest hier Schilder wie »Die Hunde tun nur ihre Pflicht«. Wer die Schokoladenseite der Villen sehen will, dem sei eine Fahrt mit dem Dampfer oder einem Elektroboot empfohlen. Am besten im frühen Frühjahr, denn da ist der Blättervorhang noch nicht so dicht. Für den Schutz der Villen und Parks engagiert sich Gerhard Schober. In seinen Standardwerken »Denkmäler in Bayern – Landkreis Starnberg«, »Frühe Villen und Landhäuser am Starnberger See« sowie »Schlösser im Fünfseenland« würdigt der Kreisheimatpfleger die historischen Bauten rund um den See. Er warnt davor, dass durch die zunehmende Parzellierung der großen Villengrundstücke nicht nur deren parkartiger Charakter, sondern auch der alte Baumbestand verloren geht. Der grüne Mantel verdeckt aber die dichte Bebauung am Starnberger See und gibt ihm dadurch noch einen erstaunlich natürlich wirkenden Charakter. Von einigen brutalen Abholzaktionen abgesehen, sei aber zur Beruhigung gesagt: Die meisten Ufergrundstücke drohen eher zuzuwuchern. Das auf alten Stichen frei liegende Almeida-Schlösschen in Starnberg ist kaum noch zu sehen, ebenso Schloss Berg. Dagegen musste in Niederpöcking manches alte, angestammte Haus Neubauten weichen, die dem Gigantismus der Zeit und dem Geltungsbedürfnis ihrer Eigentümer huldigen.

Die Harbni-Ritter von Protzenhausen

In Niederpöcking hat das Münchner Großbürgertum eine eigene Kolonie gegründet

Hätte es Mitte des 19. Jahrhunderts schon so viele Sonnenhungrige wie heute an den Starnberger See gezogen, sie hätten ihren Augen nicht getraut. In den Sommermonaten pendelten Boote zwischen Starnberg und Niederpöcking, die mit Rittersleuten und deren Fräulein besetzt waren. In langen weißen Gewändern, golddurchwirkten Überhängen, in der Hand mächtige Schwerter. Die edlen Damen und Herren gehörten dem Orden der »Harbni« an. Dahinter steckte das Münchner Großbürgertum, das um 1850 den See als Sommerfrische entdeckte und Sommerhäuser baute. Zuerst in Niederpöcking, das der Volksmund »Protzenhausen« nannte. Eine regelrechte Kolonie bildeten die Familien Miller, Knorr, Schwind, von Perfall, Ammann, Schwarzmann, Simmerl, Mayer von Mayerfels, Zenetti und später Piloty, der Sohn des berühmten Historienmalers. Alle kannten sich untereinander und man erlag gerne dem Drang, den erarbeiteten Reichtum zu präsentieren und gleichzeitig die Geselligkeit zu pflegen. Das geschah in Form großer Rit-

Diese Tür führt in der Villa Knorr hinaus auf die Terrasse und in den parkartigen Garten.

terfeste auf den Sommersitzen, die als Burgen firmierten. »Die haben den ganzen Sommer Fasching gefeiert«, erzählt Marie von Miller, die Ur-Enkelin Ferdinand von Millers. Die größten Feste stiegen in der Knorr-Villa. Wurde geheiratet, gingen die Brautleute im Nostalgie-Outfit. Das deutsche Bürgertum schwelgte damals in Ritter-Romantik, angetrieben von einem Hang zum Vaterländischen, der wiederum auf die Revolution von 1848 zurückzuführen war. Jeder Ritter hatte seinen eigenen Namen, der Erzgießer Ferdinand von Miller hörte auf »Ferdinand von der Hayd«, der Kaufmann Angelo Knorr auf »Angelicus von Rothenbuch«, und ein gewisser Ritter von Seitz, seines Zeichens königlicher Professor, hieß Rudolf Wampeneck, wobei nicht bekannt ist, ob das von seinem Körperumfang herrührte. Der Harbni-Orden war aus einem Stammtisch im Pschorrkeller hervorgegangen, eine Runde wohlhabender Bürger und Künstler. Harbni heißt so viel wie »nie böse sein« und »nicht kämpfen«. Schon zehn Jahre später war es mit dem Mummenschanz wieder vorbei, verkauften einzelne Ritter ihre Anwesen.

»Heute ist das alles anders«, erzählt Marie von Miller, »wir kennen nur noch die unmittelbaren Nachbarn.« Die Zeiten überstanden hat aber die Millersche Villa. Unverändert erhebt sich der zierliche gelbe Bau im Stil der Max-II.-Zeit an einem Steilhang über dem Seeufer. Ferdinand von Miller ließ die Villa nach einem Entwurf Arnold Zenettis als reines Sommerhaus errichten – ohne Keller und ordentliche Heizung. Moritz von Schwind bemalte sie mit Fresken, Figuren aus der Königlichen Erzgießerei zieren Haus und Garten. Am Geburtstag seines zehnten Sohnes Oskar 1855 schenkte er die Villa »Quellenheim«, so benannt nach fünf Bächen, die durch das Grundstück plätscherten, seiner Gattin Anna, geborene von Pösel. 1912 übernahm Oskar den elterlichen Sommersitz. Er ließ das heruntergekommene Haus von Grund auf sanieren, unterkellern, die Mauern trockenlegen und eine Zentralheizung einbauen. Das machte es 1943 der Fa-

Sich einmal so fühlen wie das Münchner Großbürgertum des 19. Jahrhunderts: die Terrasse der Villa Knorr, heute das Hotel „La Villa".

milie Miller möglich, aus dem durch Luftangriffe gefährdeten München hinaus an den Starnberger See zu ziehen. Seitdem leben deren Nachkommen ganz dort. Über dem Eingang zur Hauskapelle im Souterrain hängt eine Christus-Figur, der ein Arm fehlt. Sie lag nach einem Bombenangriff vor dem Münchner Haus der Millers auf der Straße. Stünden Kinder davor, so könnten sie sich gar nicht vorstellen, dass die Figur in einem Krieg Schaden litt, erzählt Marie von Miller. Sie zeigt uns draußen an der Possenhofener Straße noch einen größeren Christus am Kreuz. Schwanthaler hat ihn modelliert, Ferdinand von Miller gegossen. Davor war ein Brunnen und früher standen zwei

Unverändert erhalten ist die Villa des königlichen Erzgießerei-Inspektors Ferdinand von Miller in Niederpöcking. In ihr weht noch der Geist der großen Gründer.

Bänke da. Auf der saßen die Armen, die eigens aus Starnberg herausgelaufen kamen, um von der wohlhabenden Familie ein Almosen zu erbitten. »Mein Vater musste als Kind hinausgehen und ihnen eine Suppe bringen.«

In der Villa, die wie ein Relikt aus längst vergangenen Zeiten wirkt, weht noch der alte Millersche Geist. Erzgießerei-Inspektor Ferdinand von Miller schuf die Bavaria und dazu eine ganze Reihe Großdenkmäler. Der Transport für einen Brunnen in Cincinnati wurde noch von Indianern überfallen. Oskar von Miller bereitete den Weg für die Nutzung der Elektrizität in Bayern, schuf das noch heute Strom produzierende Walchensee-Kraftwerk und war Begründer des Deutschen Museums in München.

Elektroingenieur Rudolf von Miller wiederum führte das Werk des Vaters fort und folgte ihm auf internationaler Ebene als Präsident der Weltenergiekonferenz. Bis zu seinem Tod 1996 war der liebenswürdige Patriarch und letzte Chef des Miller-Clans bemüht, den Parkcharakter Niederpöckings vor immer weiterer Parzellierung zu bewahren. Als 2001 auch seine Gattin Emmi von Miller starb, ging die Villa zu gleichen Teilen an die vier Töchter. Nur Marie von Miller lebt in Niederpöcking. »Ich bin ein mitbesitzender Hausmeister«, beschreibt sie ihre Rolle. Es sei eine »schöne Pflicht«. Doch das Leben am See entschädigt auch für die Mühen. Ob im Mondschein, in der Morgensonne oder bei Gewittersturm, sie liebe den See bei jeder Stimmung. »Er ist für mich der Energiespender«, sagt Marie von Miller. Diese Energie kommt ihr als Initiatorin und Vorsitzende des Förderkreises Roseninsel gut zupass. Der Verein hat mit viel Engagement dem Freistaat Beine gemacht, endlich das Casino und den berühmten Rosengarten zu sanieren.

Wer heute die Harbni-Ritter besuchen will, muss auf den alten Münchner Südfriedhof gehen. Da sind sie alle versammelt. Von ihrer Kolonie stehen neben der Villa Miller noch die Knorr-Villa, das Landhaus von Perfall (heute Bader) und, neben dem Tagungszentrum des DGB in der Villa Zitzmann, die Villa von Boyen. Nachzulesen ist die Geschichte Niederpöckings und der Harbni-Ritter in dem Buch »Die Villa Knorr«, herausgegeben von der Michael Roever-Stiftung. Michael Roever kaufte das marode Anwesen 1987, in dem zuvor das russische Spezialitäten-Restaurant »Kalinka« untergebracht war, und ließ es aufwändig sanieren. Unter dem Namen »La Villa« lockt die »Burg« des Angelo Knorr heute die Führungsetagen der deutschen Wirtschaft zu Tagungen an den Starnberger See.

Von Niederpöcking nach Possenhofen

Wer sich darüber beklagt, dass alle öffentlich zugänglichen Ufer am Starnberger See hoffnungslos überlaufen sind, der hat nur teilweise recht. Je schlechter die jeweiligen Badeplätze mit dem Auto erreichbar sind, desto erträglicher wird der Andrang. Zwischen Starnberg und Niederpöcking verstecken sich einige lauschige Flecken direkt am See. Am besten erreicht man sie mit dem Fahrrad. Leider führt der Weg im Bereich Niederpöcking nicht am Seeufer entlang, so dass der Radler auf die vielbefahrene Staatsstraße ausweichen muss. Offiziell ist es erst im Ort Possenhofen möglich, über die Fischmeister Straße wieder an den See zu gelangen, denn das Durchqueren des Erholungsgeländes Paradies auf Fahrrädern ist verboten. Wer aber sehr früh aufbricht oder sich einen Wochentag aussucht, was wir sehr empfehlen, der kann es wagen, durch das Paradies zu radeln.

Wir biegen in Höhe von »Rudis Hütte« in den Park ein und umgehen so die enge und gefährliche Ortsdurchfahrt von Possenhofen. Tausendsassa Rudi Gaugg hat den Kiosk gepachtet, Gastronom, Wasserskilehrer, Ex-Faschingsprinz und eloquenter Herold des Fünfseenlandes in einer Person, ein liebenswertes Original. Wenn er gerade da ist, empfiehlt sich ein »kurzer« Plausch. Unweit des Schlosses leuchtet ein heller, moderner Bau durch das Grün. Kein Design-Hotel, sondern die einzige Jugendherberge am Starnberger See. Das quaderförmige Haus mit einem Innenhof nach den Plänen des Münchner Architekturprofessors Rudolph Hierl wurde im Jahr 2002 eröffnet und wird gut angenommen. 2004 war mit 29 000 Übernachtungen das bisher beste Jahr.

Schloss Possenhofen war schon im 12. Jahrhundert im Besitz der Wittelsbacher. Heute beherbergt es den Geldadel.

Das Gros der Gäste in den 2-, 4- und 6-Bett-Zimmern stellen Schulklassen aus ganz Deutschland. Früher logierten die Gäste im Gasthof Possenhofen von Carl Schauer am beschaulichen Dorfplatz. Das gemütliche Gasthaus, das leider geschlossen ist, verfügte über eine der ersten elektrischen Zimmerrufanlagen weit und breit, die im Starnberger Heimatmuseum zu sehen ist.

Wir fahren weiter an den Resten der Schlossmauer entlang bis zu einer Pforte, die uns wieder auf den Seeuferweg entlässt. Vorbei am Dampfersteg und dem Freiluftatelier des Kunstmalers Josef Wagner geht es zur Bootswerft Glas, die gegenüber dem Restaurant »Schiffsglocke« und dem Yachtclub Possenhofen liegt. Nach der Ufersiedlung erreichen wir eine große Wiese, die vom Weg geteilt wird. Links am seewärts geneigten Hang lagern Boote, auf der Wiese rechts zum Wald hin sollte in den 1980er Jahren einmal ein großes Hotel, der »Fischerhof«, entstehen. Der Pöckinger Gemeinderat hat den Bau abgelehnt und damit ein Stück Natur bewahrt.

Der Maler vom Dampfersteg

Das Geschäft mit der Kunst ist mühselig, aber »irgendwas geht immer«, sagt Josef Wagner

Bei seinen Freunden heißt er nur »der Sepp«. Josef Wagner ist der Kunstmaler von Possenhofen. Scheint die Sonne, steht im kleinen Atelier am Dampfersteg einladend die Tür offen, auf dass der eilige Passant verweilen und die Landschaftsbilder betrachten möge. Wie in einer Galerie sind die Blicke auf See und Berge aufgereiht, mal kleiner und mal größer. Für jeden Geschmack ist etwas dabei, und der Preis stimmt auch. Wir setzen uns auf einen kurzen Ratsch an den kleinen Tisch gegenüber von seinem Kabinett.

Sobald die Sonne lacht, sperrt Kunstmaler Josef Wagner sein »Atelier beim Sepp« am Possenhofener Dampfersteg auf.

Seit 1965 lebt der Sepp nun schon in Possenhofen. Er stammt aus Schlesien, aus der Grafschaft Glatz, ist Jahrgang 1937 und mittlerweile schon Opa. 1959 verschlug ihn das Schicksal nach München. Schon in der Schulzeit wollte er Maler werden. Es gab damals nur einen Atlas für die ganze Klasse. Von seinem spärlichen Taschengeld hatte sich Josef Malkreiden gekauft. Der Lehrer erlaubte ihm, nachmittags in die Schule zu kommen und Italien auf die Tafel zu malen. Eine große Ehre, weil die Mitschüler zum Beispiel nur Kartoffelkäfer einsammeln durften. Der kleine Josef übertrug den Stiefel ganz exakt nach einem Raster, zwei Zentimeter in der Karte waren 20 auf der Tafel. Der Lehrer war so zufrieden, dass Josef fortan den Geografie-Unterricht illustrierte. Er ging dann bei einem Malermeister in die Lehre und arbeitete auch später zwischendurch am Bau, wenn die Kunst einmal wieder allzu brotlos war. Ein Journalist titelte deshalb einmal über Wagner: »Vom Anstreicher zum Kunstmaler«. Auf der Werkkunstschule in Düsseldorf legte er die Abschlussprüfung ab, so etwas wie ein Fachabitur. Es folgten zehn Semester an der Münchner Kunstakademie bei Professor Ernst Geitlinger. Dem hatte Wagner eine Mappe mit seinen Arbeiten gezeigt. Geitlinger war so angetan, dass er sagte: »Dann melden Sie sich halt, wenn das Semester los geht.« Die dreitägige Aufnahmeprüfung war reine Formsache. Gleichwohl war das Geld knapp. »Sie bringen Dir bei, wie man malt, aber nicht, wovon man lebt«, zitiert er den berühmten Olaf Gulbranson. Zu Jobs beim Studentenschnelldienst wie Teppichklopfen und Hunde Gassi führen hatte der Sepp keine Lust. Er wollte was Handfestes. Als er sich bei einem Malermeister bewarb, fragte der, was er gelernt habe. »Akademischer Maler!« Da wandte sich der Mann erst einmal erschreckt ab. Wagner durfte dann doch am folgenden Montag anfangen und strich fortan in den Semesterferien Fenster, Türen und Fassaden an. Immer so lange, dass es noch für ein paar Wochen Frankreich reichte.

Damals haben sie an der Akademie mit moderner Kunst experimentiert. Sie beschmierten Leinwände, schütteten Terpentin drüber und zündeten das Ganze an. Die Verkrustungen sahen dann aus wie vulkanische Strukturen. Das war nichts für den Sepp, obwohl er damals viel gelernt hat. Er wollte malen und schätzte Professoren vom alten Schlag wie Hermann Kaspar. »Ist das die Roseninsel?«, will eine Dame wissen und deutet auf ein im Entstehen begriffenes Bild auf der Staffelei, die Wagner extra für ein Foto aufgebaut hat. Er nickt. Der Fischermeister Ludwig Erhard bringt eine frisch geräucherte Renke vorbei. Er hat die Fischerei seines Onkels Josef Gebhardt übernommen. Nach Possenhofen kam Josef Wagner schließlich, weil er es als Landmensch in der Stadt nicht mehr aushielt. »Ich hatte keine Ahnung, wo Possenhofen liegt.« Dort sollte eine Wohnung frei sein. In dieser Zeit malte er »romantische Landschaften« in Serie für Münchner Bilderhändler. Die haben sie 20-stückweise nach Amerika verhökert. Dazwischen arbeitete er immer wieder auf dem Bau. Die Familie mit den beiden Töchtern wollte auch versorgt sein.

Bevor es Wagners Domizil wurde, verkaufte die alte Resi in dem Häusl am Dampfersteg Eis, Limo und Flaschenbier. Wagner hatte bereits Kontakt zu Fischer Gebhardt geknüpft. Man trank bisweilen in der Küche ein Bier zusammen. 1979 starb die Resi und die Hütte stand leer. Das traf zusammen mit einer Flaute bei den Münchner Bilderhändlern, die nichts mehr abnahmen. Wagner mietete Resis Kiosk an. »Was willst du denn da machen?«, fragte ihn der Gebhardt Sepp. »Bilder raushängen.« »Das muss aber einen Namen haben, Atelier am Sisi-Schloss.« »Hast a Brettl?«

Gesagt, getan. Fortan hieß es »Atelier beim Sepp«, womit eigentlich der Gebhardt Sepp gemeint war. Im Winter verlegt sich Josef Wagner aufs Restaurieren und fertigt Porträts nach Fotos an. Während unseres Gesprächs grüßt der Sepp immer mal wieder einen Bekannten. »Servus Günter«, »Servus Helmut«. Man kennt sich. Spaziergänger wünschen einen guten Saisonstart. Am mühseligen Geschäft mit der Kunst hat sich in all den Jahren nichts geändert. »Aber«, sagt der Sepp, »irgendwas geht immer.«

»Der See ist der schönste Arbeitsplatz«

Warum der Fischer Ludwig Erhard aus Possenhofen trotz magerer Fänge und viel Arbeit seinen Beruf mag

Es schaut schlecht aus. Ludwig Erhard hat schon gut 150 Meter des 450 Meter langen Stellnetzes eingeholt. Nicht ein Fisch! Dafür ist das Netz verschmutzt von Plankton. Wäscht der Possenhofener Fischer es nicht gleich gründlich im See, kann er sich den nächsten Fang schenken. Im Sommer, wenn die Burgunder Rotalge auftritt, seien die Netze so rot wie Ziegelsteine. Die Fische würden das Netz erkennen, das etwa einen Meter unter der Wasseroberfläche vier Meter tief wie ein Vorhang im See steht. Hier, in der sogenannten Sprungschicht zwischen warmem und kaltem Wasser, stehen die Fische. An beiden Enden ist das Netz mit einem Anker gesichert. Orange Bojen mit dem Namen des Fischers markieren die Stelle, wo 200 Meter Ankerleine bis zum schlammigen Grund reichen. Trotzdem kann es passieren, dass der Wind das Netz aufstellt, so dass es flach auf dem See liegt und seiner Wirkung beraubt ist. Oder, noch schlimmer, es wird gleich um ein paar

Der Fischfang ist für Ludwig Erhard ein mühseliges Geschäft und steht in keinem Verhältnis zum Ertrag.

hundert Meter versetzt und verheddert sich mit den Netzen des »Kollegen«. Bisweilen hat der See starke Strömungen, die man vom Ufer aus beobachten kann, wenn das Wasser sich kräuselt. Die Fischer sagen dann: »Der See rinnt.«

Davon kann an diesem Morgen keine Rede sein. Es ist 6.30 Uhr. Der See schläft noch, die Wasserfläche ist glatt. Nichts deutet auf den Freizeitbetrieb hin, der sich wenige Stunden später hier abspielen wird. Ein paar hundert Meter querab ist ein zweiter Fischer zugange. Still liegt sein Boot auf dem See, ein einsamer Mann vor der rötlichen Kulisse des Ostufers, hinter der gleich die Sonne aufgehen wird. Wie schön ist doch der Beruf des Fischers am Starnberger See, denkt sich der Laie.

Wir liegen am Ostufer vor Allmannshausen. Der See ist hier etwa hundert Meter tief, schätzt Erhard. Echolot ist verboten.

Die Fische stünden besonders gerne dort, wo das Ufer wie ein Steilhang in unergründliche Tiefen abfällt. Doch eine Stelle, direkt vor der Seeburg, habe etwas Unheimliches. Da würden immer Taucher verschwinden, hier habe er merkwürdigerweise auch noch nie einen Fisch gefangen. Ob uns Erhard Fischerlatein auftischt? Nein, erwidert er ganz ernst, das stimmt wirklich. Es dauert noch etliche quälende Meter, bis der erste Fisch in den Maschen hängt. Ein hartes Geschäft. Vom Fischfang konnte wirklich noch keiner leben. Die alte Erkenntnis hat immer noch ihre Richtigkeit. Früher bestritten die Fischer am See ihren Lebensunterhalt zusätzlich durch eine kleine Landwirtschaft, heute ist es hauptsächlich die Vermietung von Bootsliegeplätzen und der Holzverkauf. Ludwig Erhard – »mit dem früheren Wirtschaftsminister hab ich nichts zu tun« – hat sich deshalb im Kuhstall eine Schreinerwerkstatt eingerichtet. Erhard, Jahrgang 1962, ist gelernter Schreiner. Als 2002 sein Onkel Josef Gebhardt starb, bat ihn die Tante, die Fischerei zu übernehmen. Sonst wäre das Fischrecht, das auf dem Haus ruht, ein Jahr nach dem Tod des Fischers erloschen. Erhard, der aus einer Bauernfamilie stammt und sich deshalb nicht schwer tat, willigte ein. Er besuchte die Fischereischule, holte sich die praktische Erfahrung bei Fischer Müller in St. Heinrich, legte schließlich die Prüfung ab. In der kleinen Kammer, in der er die Fische nach dem Fang ausnimmt und an die Laufkundschaft verkauft, hängt die Urkunde, unterschrieben vom Landwirtschaftsminister. Den Berufswechsel hat der Vater dreier Kinder bis heute nicht bereut, trotz der Quälerei. »Der See ist der schönste Arbeitsplatz«, sagt er spontan.

Die Arbeitsbedingungen der 34 Berufsfischer am See haben sich gravierend verändert, seit in den 60er Jahren des vergangenen Jahrhunderts die Ringkanalisation dem See Trinkwasserqualität bescherte. Das war zwar dem Tourismus förderlich und man kann am Ufer bis auf den Grund schauen, doch die Fische hatten immer weniger Nahrung, weil kein Abwasser mehr in den See floss. Besonders die Jungfische hatten im Frühjahr zu wenig zu fressen. Die Bestände schrumpften. Die Fischer bauten daraufhin in Seeshaupt und Allmannshausen Kaltbruthäuser, um den Laich dort so lange zu »parken«, bis sich der See erwärmt hat und mehr Nahrung bietet. Der Laich wird wiederum bei der Laichfischerei im Dezember gewonnen. Im Mai oder Juni werden dann bis zu 35 Millionen Jungfische eingesetzt. Etliche davon schnappen die Hechte weg. Man führte auch Laich aus Russland ein. Der Erfolg war mäßig. Alle diese Maßnahmen konnten nicht verhindern, dass die Renken immer kleiner wurden. »Ein drei bis vier Jahre alter Fisch sollte 35 Zentimeter und größer sein«, erklärt Erhard. Er hat aber nur magere 25 Zentimeter. Einziger Vorteil: Es ist ein Portionsfisch, ausreichend für eine Person. Die kleinen sind deshalb besser zu vermarkten. Sie haben aber nicht mehr so viel Fleisch und Fettgehalt wie früher. Die Fischereigenossenschaft hat auf die veränderten Bedingungen reagiert und den Fischern erlaubt, die Maschenbreite von 40 auf 36 Millimeter zu senken. Der Fisch schwimmt ins Netz, spürt den Widerstand und schon ist es zu spät. Er bleibt mit den Kiemen in den Maschen hängen. Fast schon stolz präsentiert Erhard nach einer Weile die nächste Renke. Ein Schlag an die Bordwand betäubt das Tier, an Land erfolgt dann ein Kiemenschnitt. Gleichwohl bleibt unsere Ausbeute an diesem strahlenden Frühlingsmorgen spärlich. Zehn Renken und ein minderwertigerer Weißfisch. »Lächerlich«, befindet der Fischer. Jeder Tag sei eben anders. »Das macht die Sache spannend, besonders wenn einer Fisch bestellt hat.« Die viele Zeit, das Netz muss in den Abendstunden ausgelegt werden, der Spritpreis und »ein Haufen Arbeit« stehen in keinem Verhältnis zum Aufwand. Am vergangenen Freitag seien es 70 Fische gewesen! Der Vater habe mitgeholfen. Da vergeht schon mal der ganze Vormittag. Heute sind wir schon nach einer guten Stunde wieder zurück im Bootshaus. Erhard verkauft den Fang ab Hof, entweder frisch

Fischfang hat Tradition

Die Geschichte der Fischerei am Starnberger See ist so alt wie die Siedlungsgeschichte, etwa 30 000 Jahre. Auf der Roseninsel fanden Archäologen bronzene Angelhaken. 1989 bargen sie nahe der Insel in geringer Wassertiefe einen Einbaum aus dem 8. oder 9. Jahrhundert vor Christus. Bis heute wird auf dem See geangelt und gefischt. Manche der 34 Berufsfischer leben noch in den alten Fischerhäusern rund um den See, deren Zunftzeichen von einer langen Familientradition künden. Von 1000 n.Chr. an betrieben Leibeigene gegen Abgabe die Fischerei für die Adelshäuser. Die bayerischen Herzöge traten später die Fischrechte an Klöster und Landesherren ab. Neben Wild stand bevorzugt Fisch auf den höfischen Tafeln. Den Fischern selbst blieb nicht viel von ihrer harten und oft auch gefährlichen Arbeit. Zum »Edlen Fischwerk« zählten Renken, Seeforelle und Seesaibling, zum »Geringeren« Brachse, Karpfen, Hecht, Rutte und Waller. Im Kommen ist wieder die schmackhafte Brachse, während die Seeforelle seltener wird.

oder auf Buchenholzsägspänen geräuchert. Wenn ein Dampfer anlegt, braucht er nicht lange zu warten, bis die Ausflügler das Schild »Heute fangfrische Renken« entdeckt haben. Die Renke ist der Brotfisch der Fischer vom Starnberger See, bei dem noch um eine Spur schmackhafteren Saibling ist die Fangquote deutlich geringer. Renke, Saibling, Hecht und Schleie waren früher begehrte Fische bei Hof.

Erhard bestreut den Fang mit zerstoßenem Eis und holt die Anker ein. Eigentlich wollte er noch auf einen kleinen Plausch hinüber zum Kollegen Hans Schuster brausen, hören, wie tief der sein Netz gehängt hat. Doch der hat es bereits eingeholt und verschwindet grußlos von der Bildfläche. »Wahrscheinlich hat der auch nicht viel gefangen, wenn er jetzt schon fertig ist«, vermutet Erhard.

Eleganz auf dem Wasser

*Der Possenhofener Bootsbauer Markus Glas befriedigt die
Wünsche nach klassischen Segelbooten aus Holz*

Der abgeklärte Seeanlieger hat es längst begriffen: daheim ist es
am schönsten. Warum in die Ferne schweifen, liegt das Gute doch
so nah, wie der Volksmund richtig sagt. Das haben mittlerweile
auch manche Segler realisiert, die ihre Jacht am Mittelmeer liegen
hatten und denen das Hin- und Herfahren allmählich zu lästig
wurde. »Die Leute kommen wieder zurück an den See«, sagt
Markus Glas. Der Bootsbauer, Jahrgang 1955, ist Chef der Bootswerft Glas in Possenhofen. Seit drei Generationen betreibt die Familie Glas die Werft, die seitdem stetig gewachsen ist. Markus
Glas senior hat sie 1924 gegründet. Er begann mit dem Bau von
Fischerkähnen und Jollenkreuzern. Heute fabrizieren die Bootsbauer vor allem schnittige Regatta-Drachen, 45er Nationale Kreuzer und Boote der neuen Klasse L 95 aus Vollholz. Acht bis zehn
dieser wunderbaren Holzboote verlassen jährlich die Hallen direkt am Seeufer. Aber auch mindestens ein Drachen ist dabei. In
dem klassischen, elegant geschnittenen Boot hat »Buale«, wie
Glas seine Mitsegler nennen, seine größten sportlichen Erfolge er-
rungen: 1981 die Weltmeisterschaft in Travemünde, fünf Mal
wurde er Europameister, zwölfmal deutscher Meister. Der Drachen bildet auch die größte Bootsklasse am See.

Seit geraumer Zeit ist eine Renaissance neuer, aber auch klassischer Holzboote zu beobachten. Sie geht besonders auf die Initia-
tive des Tutzingers Stefan Frauendorfer zurück. Seit Kindesbeinen
auf Bootsplanken, gründet er 1989 mit dem Schauspieler Horst
Janson und weiteren Mitstreitern den Verein »Bayerische Traditi-
onsklassenflotte«, und wird dessen Vorsitzender. Hilfreich ist die
Oldtimer-Bewegung auf dem Automobilsektor, die ins allgemeine
Bewusstsein ruft: »Altes muss nicht schlecht sein.«

*Klassische Holzboote werden nach wie vor in Handarbeit in der Boots-
werft Glas in Possenhofen gebaut.*

Die betagten Objekte maritimer Begierde sind schmalrümp-
fige, langgezogene Schärenkreuzer, Nationale Kreuzer und
Sonderklassen. Sie wurden zumeist in den zwanziger und drei-
ßiger Jahren gebaut, in Schweden, Holland und auch in
Deutschland, wie zum Beispiel bei der 1883 gegründeten
Bootswerft Rambeck in Percha. »Die Leute wollen schöne und
ästhetische Schiffe haben«, erklärt Glas den Trend. Holzboote
hätten dank moderner Konservierungsmethoden des Rumpfes
auch ihren Schrecken verloren. Die Wartung entspreche der eines Kunststoffbootes. Das mühselige Abschmirgeln über den
Winter in kalten Hallen gehört ebenso der Vergangenheit an
wie das Volllaufen, wenn das Boot nach dem Winter wieder in
sein Element gelangt. Denn bei alten Booten schrumpfen die

Holzplanken auf dem Trockenen, es entstehen kleine Spalte, durch die das Wasser eindringt. Deshalb müssen sie erst mal 24 Stunden gewässert werden, damit sich der Rumpf wieder schließt. Holz lebt eben noch. Etwa 200 Schiffe zählen die Traditionsklassen mittlerweile. Spezielle Regatten wie die »Münchner Woche« haben den Oldtimern wieder zu mehr Anerkennung verholfen und motivieren die Skipper, einen derart hohen finanziellen Aufwand zu treiben.

Das war schon zu Zeiten des Geheimrats Kustermann so, als das sportliche Segeln begann. Kustermann ließ sich von Rambeck immer größere Segeljachten bauen bis hin zu dem Zweimaster »Rakete VII«, in dessen Salon sogar ein eigens dafür gefertigtes Klavier stand. Es bildeten sich Jachtclubs, allen voran der vornehme Bayerische Yachtclub, der sich bis 1918 königlich nennen durfte.

Vor 1860 waren auf dem See überwiegend Frachtplätten unterwegs, die Torf und Bier transportierten. Deren Segel erlaubte nur Vor-Wind-Kurse. Und die Fischer hatten ihre Einbäume durch schwerfällige, gezimmerte Kähne ersetzt. Die ersten deutschen Segelregatten 1850 auf der Hamburger Alster und 1869 auf der Kieler Förde fanden auch in bayerischen Zeitungen starke Beachtung, berichtet der Starnberger Journalist Erwin Söllner-Fleischmann. Das wiederum entfachte die Segelbegeisterung der Jugend. Ängstliche Eltern holten Rat ein beim Kapitän des Dampfschiffs »Maximilian«, Franz Buchloh, der in allen maritimen und nautischen Fragen am See als Autorität galt. Da dieser das Segeln für äußerst gefährlich hielt, schreibt der Journalist, wurden alle einschlägigen Versuche der Sprösslinge zunächst verboten. Es waren wieder die angesehenen Münchner Maler, die auch dem Segelsport am See zum Durchbruch verhalfen. Sie verdienten sehr gut und konnten sich das Hobby leisten.

Heutzutage dürften auf dem See die »Häuslschiffe« aus Kunststoff überwiegen. Für viele gestresste Zeitgenossen bieten die Kajütboote mit Kojen und Kombüse eine ideale Form der Erholung, weitab von allem Getriebe, im Einklang mit der Natur. Alles in allem sind derzeit nach Auskunft des Landratsamts Starnberg am See 371 Motorboote, 2330 Segelboote in Häfen und gute 1000 an Bojen, 782 Elektro-Motorboote und etwa 50 Ruder- und Tretboote registriert. Zu den genehmigten größeren Segelbooten kommen noch knapp 2000 kleinere Boote, die an Land liegen. Die Motorboote sind streng limitiert. Die Wartezeit für eine Lizenz beträgt mindestens 15 Jahre. Da kommt der Freizeitkapitän schneller an einen Liegeplatz für ein Segelboot. Im Regelfall muss er sich ein bis zwei Jahre gedulden. Gott sei dank sind nie alle Boote gleichzeitig auf dem See unterwegs.

Segeln ist immer noch ein teueres Hobby. Auch der gut situierte leitende Angestellte greife lieber auf ein gebrauchtes Schiff zurück oder segelt sein neues deutlich länger als früher, bemerkt Markus Glas. »Konjunkturunabhängig« sind dagegen die majestätischen 45-er Kreuzer, die auch in der Possenhofener Werft vom Stapel laufen. Die zwölf Mitarbeiter, allesamt Bootsbauer, davon drei Lehrlinge, bilden ein lockeres, unkompliziertes Team. Um die Nachfolge braucht sich Markus Glas jun. keine Sorgen zu machen. Seine beiden Söhne Max und Dominik arbeiten bereits im Unternehmen mit. Max tritt auch beim Drachensegeln in die Fußstapfen des Vaters.

Neben den Neubauten hat sich die Werft wie andere Bootsbauer am See auf Reparaturen und Rund-um-Service spezialisiert. Bei schönem Wetter und gutem Wind genügt ein Anruf in Possenhofen, und wenig später liegt das Boot segelfertig am Steg. Dagegen ist das Mittelmeer doch glatt geschenkt.

N ach der »Glas-Wiese« beginnt der Wald. Auch bei Regenwetter kann eine Radltour ganz lustig sein, vorausgesetzt, man hat an Regenkleidung gedacht. Sollte der Regen gar nicht mehr aufhören, bietet sich als rettender Ausweg die Fahrt mit dem Dampfer zurück nach Starnberg an. Es heißt entweder umkehren zur Anlegestelle Possenhofen, oder aber durchhalten bis nach Tutzing, der nächsten Gelegenheit, das Schiff zu besteigen. Wir radeln weiter, vorbei an einer unvermutet im Wald auftauchenden steinernen Aussichtsplattform. Der Weg wird abschüssig, linker Hand sind durch das Schilf- und Buschwerk Badehütten zu erkennen. Sie gehören zu den alten Herrschaftshäusern Feldafings. Früher wohnte man »oben« in der Höhenberg- oder Thurn-und-Taxis-Straße, »unten« hatte man seine Badehütte. Das Wohnen direkt am See war damals nicht üblich, aus praktischen Erwägungen. Nicht jeder mag Feuchtigkeit und Nebel in der kühleren Jahreszeit.

Der Buchenwald geht nahtlos über in den Wald aus Masten im Segelhafen des Fischer-Ehepaares Heidi und Dietmar Goetzke. Schnittige Jachten liegen hier vertäut, eine prächtiger als die andere. Wir kalkulieren kurz durch, wie viel ein Liegeplatz wohl kosten mag und besinnen uns schnell wieder auf unsere Drahtesel. Etwas deplaziert fühlt man sich in Radlklamotten ein paar Meter weiter. Im Restaurant »Forsthaus« kommt der Starnberger See mondän daher. Wir stehen plötzlich unter Palmen. Elegant und teuer gekleidete Herrschaften flanieren über die gekieste Uferpromenade, Feldafings »sündige Meile«, oder nippen im Garten des Schicki-Micki-Treffpunkts an einem Martini. Die Seele des Unternehmens, der Gastwirt Otto Robl, ist im Jahr

Mit der Fähre geht es hinüber auf die Roseninsel. Dort warten das Casino und der Rosengarten auf die Besucher.

2006 gestorben. Schon seit Jahren betreibt die Familie Graf das Forsthaus.

Eine kleine Geschichte sei zum besten gegeben. An das Forsthaus am See schließt sich rechter Hand eine Wiese an. Im Volksmund heißt sie die »Nackerten-Wiese«, weil hier die Hüllen fallen, wenn es heiß wird. Feldafings früherer Bürgermeister Klaus Buchheim grämte sich ob des »Sittenverfalls« und wollte die lockere Gesellschaft in das nahegelegene, gemeindeeigene Strandbad verbannen. Als große Hinweisschilder nichts bewirkten, gar als willkommene Kleiderständer zweckentfremdet wurden, ließ Buchheim die Wiese odeln. Das ländliche Aroma durchdrang aber den vornehmen Forsthausgarten. Sobald sich der Duft verflüchtigt hatte, kehrten die Nackerten wieder, der Konflikt eskalierte. Kurzerhand ließ der Bürgermeister Fichten um die Wiese pflanzen, in drei Reihen, auf dass der Anblick blanker Leiber verdeckt werde. Gegen den »Grüngürtel« schritt jedoch das Landratsamt Starnberg ein und ordnete dessen umgehende Beseitigung an. Er sei untypisch für das Seeufer, hieß es. Der damalige Forsthaus-Wirt Otto Robl sägte den »Bannwald« ab und verkaufte die jungen Fichten – als Christbäume.

Legendär und mindestens so skurril wie in Helmut Dietls Fernsehserie »Kir Royal« waren Robls Festbankette bei Kerzenschein auf der Roseninsel. Dinner und Gäste wurden mit dem Motorboot »Sisi« auf das Eiland gebracht. Eines Tages aber verlor Sisi plötzlich eine größere Menge Öl, das nahe Strandbad musste wegen der »Ölpest« kurzfristig schließen. Das war das Ende der bacchantischen Gelage.

Das altmodisch-gemütliche Strandbad Feldafing und seine gute Küche locken zum Verweilen, doch es zieht uns weiter durch den Lenné-Park. 1854 erhielt der berühmte preußische Hofgartengeneraldirektor Peter Joseph Lenne von König Maximilian II. den

Auftrag, den Feldafinger Park zu gestalten. Zum 150. Jubiläum des Parks im Jahr 2004 wurden die von Lenné geplanten Sichtschneisen wieder freigelegt. König Maximilian II. wollte im Park ein Sommerschloss errichten. 1862 wurde mit den Arbeiten begonnen. Sie kamen jedoch nicht über die Kellergewölbe hinaus, weil der König 1864 starb. Nachfolger Ludwig II. hatte kein Interesse an dem Schloss und ließ die Ziegelsteine für den Bau der Bahnhöfe Feldafing und Possenhofen verwenden. Die Gewölbe wurden mit Erde gefüllt. Auf dem Golfplatz, der 1926 eingeweiht wurde, spielte nach dem Zweiten Weltkrieg von 1946 bis 1959 der General und US-Präsident Dwight D. Eisenhower. Heute ziehen die Mitglieder des exklusiven Golfclubs Feldafing über den englischen Rasen der 18-Loch-Anlage. Deshalb ist Vorsicht vor deren Bällen geboten. Wir kommen an einem von hohen Platanen umstandenen Rondell an. Das war früher der Wendeplatz für die Kutschen. Hier, vom »Glockensteg« legt die Fähre zur Roseninsel ab. Eine Glocke ruft Fährmann Pohlus, wenn er gerade auf der anderen Seite weilt. Es bietet sich ein herrlicher Blick auf den südlichen See und die Berge. Sie reichen bei guter Sicht von der Benediktenwand zur Linken über das Karwendel bis zum Wetterstein-Gebirge mit der Zugspitze rechts. Im flachen Wasser vor der Roseninsel haben Unterwasserarchäologen 1989 im Schlamm einen Einbaum aus dem 8. oder 9. Jahrhundert v. Chr. gefunden.

Ein langer Zaun im Wasser entlang des Ufers erregt die Aufmerksamkeit. Er soll das Schilf schützen, damit es sich wieder regenerieren kann – ein langwieriges Unterfangen. An vielen Stellen des Sees ist der Schilfgürtel leider völlig verschwunden. Ein paar hundert Meter weiter tun sich ein paar idyllische Badeplätze auf. Hier pflegte früher der »Poltergeist vom Starnberger See«, Kunstsammler und Boot-Autor Lothar-Günther Buchheim, im Adamskostüm ein Bad zu nehmen. Durch den Ort kutschierte er in einem alten BMW, der heute als Kunstwerk vor dem Buchheim-Museum in Bernried steht.

Refugium für Königskinder

Auf der Roseninsel tauschten Ludwig II. und Elisabeth geheime Botschaften aus

Im letzten Abschnitt der Würmeiszeit vor etwa 18 000 bis 13 000 Jahren schmelzen die Gletscher ab und hinterlassen im See einen Moränenrücken – die Roseninsel. Vermutlich weil es ein sicheres Refugium war, finden die Archäologen hier erste menschliche Spuren: Reste von Pfahlbauten, 6000 Jahre alte Keramikscherben, einen Einbaum, dessen Stamm um 900 v. Chr. geschlagen wurde, eine Kultstätte und einen Friedhof. Wie aber das Fragment eines blauen Balsamariums aus Glas, das im 6. Jahrhundert v. Chr. im östlichen Mittlermeerraum gefertigt wurde, auf die oberbayerische Insel gelangte, ist den Experten bis heute ein Rätsel. Im Spätmittelalter bietet eine kleine Burg Schutz, 1401 wird erstmals eine Inselkirche erwähnt. Sie wird 1632 im Dreißigjährigen Krieg zerstört, ihre Reste 1851 abgetragen. Heute existiert noch ihre Westfassade als Teil des Gärtnerhauses, das 1853 entstand. Es steht auch teilweise auf den Fundamenten der alten Kirche. Damals führten auch zwei Brücken auf die Insel. Hofmarksherr Jakob Rosenbusch errichtet ein Herrenhaus, das später die Hoffischerfamilie Kugelmüller bewohnt. »Die größte Schönheit dieser Insel besteht darin«, schreibt 1784 Lorenz von Westenrieder, der frühe Chronist des Starnberger Sees, »dass die Kunst noch nichts gethan hat, sie zu verschönern.« Die Kugelmüllers wissen die Reize zu nutzen und eröffnen in ihrem Fischerhaus eine Gastwirtschaft samt Biergarten, Kegelbahn und großer Schaukel für die Damen. Fortan ist die Roseninsel, die bis 1850 den Namen »der Wörth« führte, beliebtes Ausflugsziel Münchner Künstler und Studenten. 1850 erfüllt König Maximilian II. sich und seiner Gattin Maria den Traum von einem ruhigen Sommerrefugium. Er kauft der Fischerfamilie das Eiland für 3000 Gulden ab und lässt dort nach dem Vorbild von Potsdam eine kleine Villa im pompei-

Wo die Majestäten ein bisschen Privatleben genossen: das frisch renovierte Casino auf der Roseninsel.

janischen Stil errichten und einen Park anlegen. Darin im Mittelpunkt ein ovales Rosarium aus Hunderten hochstämmiger Duftrosen und eine fünf Meter hohe weißblaue Glassäule.

Ihre Blütezeit erfährt die Insel in den ersten Regierungsjahren Ludwigs II., der sie 1865 für 25 000 Gulden aus dem Familienbesitz der Wittelsbacher erwirbt und fortan als sein ganz persönliches Refugium nutzt. Ihre Abgeschiedenheit entspricht dem Hang des publikumsscheuen Monarchen zur Einsamkeit. Dort tauscht er Botschaften mit Elisabeth aus, die während ihres Sommer-Aufenthalts in Feldafing ebenfalls die Intimität der Insel schätzen lernt. Unter den uralten Baumriesen, von denen einige noch heute stehen, sind beide schon gewandelt. Von Schloss Berg aus war zu dieser Zeit die Insel mit dem Raddampfer »Tristan« bequem zu erreichen. Am 26. September 1868 bildet sie die Kulisse für ein märchenhaftes Seefest, das Ludwig II. zu Ehren seines Gastes, der von ihm verehrten Zarin Maria Alexandrowna, gibt. Dazu heißt es in einer Broschüre der Schlösser-und Seenverwaltung: »König Ludwig II. lud den hohen Gast zu einer Rundfahrt auf dem See ein, verbunden mit einem Besuch in Possenhofen. Das Diner mit der Serenade war auf der Roseninsel vorbereitet, inmitten der Pracht und dem Duft von Tausenden blühenden Rosen. Bei Einbruch der Dunkelheit begann die Beleuchtung von Schlössern und Landhäusern am See. Possenhofen war prächtig illuminiert, Schloss Starnberg leuchtete, von einem Flammengürtel umgeben, und Schloss Berg erstrahlte bengalisch in bunter Schönheit wie im Feenmärchen. Hunderte von beleuchteten Booten mit glühenden Ballons in allen Farben kreuzten auf dem See. Auf der Roseninsel flammte plötzlich elektrisches Licht auf, die Flut schimmerte wie flüssiges Silber, eine breite Lichtbahn wies den Weg zurück nach Berg, wo alsbald das leuchtende königliche Dampfschiff ‚Tristan' anlegte, begleitet vom großen Dampfer ‚Maximilian' mit der Regimentsmusik.« Anschließend schreiten die Majestäten durch den beleuchteten Park zum illuminierten Schloss. Den Abschluss bildet ein von Flössen gezündetes Brillantfeuerwerk mit dem monumentalen Namenszug der Zarin zu den Klängen der russischen Kaiserhymne. Bis zu Ludwigs Tod 1886 werden Park und Casino mit beträchtlichem Aufwand gepflegt. Dann endet die erste Blütezeit der Insel, sie versinkt, bedingt auch durch die beiden Weltkriege, in einen Dornröschenschlaf.

1970 kauft der Freistaat die Insel vom Wittelsbacher Ausgleichsfond. Die königliche Villa ist marode, der Park verwildert, von den Rosen keine Spur mehr zu sehen. 1997 wird das Eiland an die Ringkanalisation angeschlossen. Denn es ist bewohnt. Seit 1967 lebt im Gärtnerhaus der »Insel Willi« und sieht als Verwalter nach dem Rechten. Der Willi stammt aus Schlesien, ist gelernter Metzger und freut sich bis ins hohe Alter, wenn ein Partner zum Schachspielen vom Festland herüberkommt. »Willi Friebe, Roseninsel«, lautet seine exklusive Adresse. Im November 1997 stirbt das Feldafinger Original im Alter von 95 Jahren. Ein Leben à la Robinson ist das Dasein auf der Roseninsel allerdings schon damals nicht mehr. An heißen Sommertagen latschen die Besatzungen der Jachten, die vor der Insel dümpeln, in Badeanzug und Plastikschwimmschuhen über den gepflegten Rasen. Dabei schätzte Ludwig die Einsamkeit über alles. Nur Auserwählte durften sie betreten. Zum 150-jährigen Bestehen des Kasinos im Jahr 2003 ist die Renovierung weitgehend abgeschlossen. 2007 wird mit Hilfe des Förderkreises Roseninsel der Kiosk im Süden wieder aufgebaut. Mittlerweile setzen an schönen Tagen Hunderte über, und seit man im Casino auch noch heiraten kann, gilt um so mehr: Wer reif ist für die Insel, der sollte unter der Woche kommen. Das Eiland umrankt auch eine Sage. In wilden stürmischen Nächten soll zuweilen ein schwarz gekleideter Reiter ohne Kopf auf einem Schimmel über das Wasser in Richtung der Insel galoppieren. Woher er kommt, wohin er geht, ist nicht bekannt.

Eine kuriose Episode in der wechselvollen Geschichte der Insel soll nicht unerwähnt bleiben. Vor mehr als 30 Jahren drehte der italienische Regisseur Luchino Visconti (1906–1976) hier den Film Ludwig II. mit Romy Schneider und Helmut Berger. Weil Schloss Berg als Wittelsbacher Privatbesitz verschlossen bleibt, verlegt Visconti Ludwigs letzte Stunden kurzerhand nach Possenhofen. Den Tod findet der König im flachen Wasser vor der Roseninsel. Etliche Szenen spielen im Casino. Ungeniert werden Nägel in das inzwischen streng geschützte Baudenkmal getrieben. Und nur die seeseitige Fassade von Schloss Possenhofen erhält einen frischen Anstrich – aus nicht wasserfester Farbe, wie sich beim nächsten Regen herausstellt. Viele Einheimische dürfen als Komparsen mitspielen. Die Königstreuen dagegen halten nichts von dem Treiben. Sie sehen die Würde des Monarchen gefährdet und drohen, Schloss Neuschwanstein zu besetzen und gar die Roseninsel in die Luft zu sprengen. Männer breit wie Schränke müssen daraufhin die Drehorte abschirmen.

Prince Napoleon und Madame Plantier

Ein Besuch der Roseninsel ist in den Monaten Mai und Juni zu empfehlen, denn da stehen die Blumen in voller Blüte. Stimmt die Windrichtung, dann nehmen gute Nasen schon am Uferrondell ihren Duft wahr. Die Rosen sind tatsächlich von edler Herkunft. Gepflanzt haben sie Jana und Johannes Kalbus, die in Altdorf bei Nürnberg eine Spezialgärtnerei für Zucht und Vertrieb von rund 900 Rosenarten betreiben. Ältestes Exemplar im Sortiment ist die »Rose des Quatres Saisons Blanc Mousseaux«. Sie hat weiße Blätter und stammt aus dem Jahr 50 vor Christi Geburt. Eine Wandmalerei in Pompeij hat die »Rosendetektive« auf ihre Spur gebracht. Ehepaar Kalbus freut sich dann königlich, wenn es der internationalen Gemeinde der Rosenfreunde wieder eine Neuentdeckung präsentieren kann. Nachkommen der edlen Pflanzen finden sie in traditionsreichen Betrieben, etwa bei der in sechster Generation geführten französischen Rosen-Dynastie Guillot bei Lyon. Auch die Schlösser an der Loire und Botanische Gärten sind Fundgruben. Dort über-

Betörende Düfte entströmen den historischen Rosen. Sie blühen im Mai und Juni.

dauerten historische Rosen die Jahrhunderte. Aus deren »Augen«, den »schlafenden« Trieben, zieht Kalbus durch »Okulieren« Nachkommen auf. Das läuft ab wie eine Operation. Mittels T-Schnitt öffnet der Gärtner die Rinde einer Wildrose und fügt den edlen Trieb ein. Bis aber eine Rarität wie die karminrote »Rose du Roi« des Sonnenkönigs Ludwig XIV. auch standesgemäß aussieht, ist viel Geduld und Erfahrung erforderlich.

Weil beides in der Familie Kalbus offenbar reichlich vorhanden ist, erhielt sie vor einigen Jahren im Zuge der Renovierung des Casinos und der Gartenanlagen den außergewöhnlichen Auftrag, der Roseninsel ihre Blumenpracht zurückzugeben. In Frage kamen nur historische Rosen aus der Zeit Maximilian II. Aber welche Rosensorten erblühten damals? Welcher Duft betörte Thronfolger Ludwig II. und Sisi im »Giardino segreto«? Von den Gartenanlagen sind Aufzeichnungen des königlich-preußischen Hofgarten-Generaldirektors Peter Joseph Lenné überliefert, es existiert jedoch keinerlei Pflanzplan. Die Rettung war Gräfin Marie Henriette von Chotek, eine begeisterte Rosensammlerin, die bei Bratislawa ein 20 Hektar großes Rosarium mit 6000 verschiedenen Sorten überwiegend historischer Rosen besaß. Die hatte die Gräfin mit guten Kontakten zum Rosen-Land Frankreich als Originale geschenkt bekommen. Anhand ihres Katalogs rekonstruierte Kalbus, welche Rosen vor 1900 beim Adel »in« waren und folglich auch auf der Roseninsel wuchsen. Er wählte auch nur solche Sorten aus, die gut gedeihen und winterhart sind. Das Experiment ist geglückt. Wenn heute zur richtigen Jahreszeit Paare auf der Roseninsel heiraten, brauchen sie sich um den Blumenschmuck nicht mehr zu kümmern.

Thomas Manns »Mauseloch«

In seinem Feldafinger »Villino« schrieb der Nobelpreisträger ein Kapitel für den »Zauberberg« / Von Sabine Bader

»Habe die Absicht, es mit der Einsamkeit wohl eine Woche zu wagen; hoffe zu arbeiten«, schreibt Thomas Mann am 17. Mai 1919 im Telegrammstil in sein Tagebuch. Was ihm in München, umgeben von Katja und den Kindern, nicht immer gelingen will, scheint ihm in Feldafing leichter zu fallen. Im Villino, seinem »Mausloch« wie er es nennt, findet der Schriftsteller Ruhe. Hier nimmt er die Arbeit an seinem über den Krieg liegengebliebenen »Zauberberg« wieder auf, und es entsteht das bekannteste und wohl auch sinnlichste Kapitel dieses Werks: »Die Fülle des Wohllauts«. Wer das Villino heute sucht, hat schlechte Karten. Denn es ist das weltweit einzige Literaturmuseum mitten in einem Kasernengelände der Bundeswehr. Der umtriebige Historiker Dirk Heißerer hat das Haus erst 1994 entdeckt. Auf dem Lageplan hinter dem Schlagbaum trägt es die Nummer 61. Es ist mit Abstand das kleinste unter all den großen Militärgebäuden, die zum Teil noch aus der Nazizeit stammen. Sie dienten der NSDAP als Eliteschule.

Zur Zeit Thomas Manns ist die Kolonie am Höhenberg mehr grün als bebaut und Feldafing noch ein beschaulicher Ort. Zwischen den großzügigen Villen und Bürgerhäusern in ihren parkähnlichen Grundstücken führen Spazierwege hinab zum See. Thomas Mann genießt das Ambiente sehr, empfindet die Einsamkeit am Westufer sogar »als abenteuerlich«, gemessen an seinem sonst so gleichförmigen Tagesablauf. Er macht weite Spaziergänge durch die Waldschmidt-Schlucht oder nach Tutzing, sitzt am Dampfersteg und blättert in der lokalen Zeitung, dem »Land- und Seebooten«, unternimmt Dampferfahrten ans Ostufer und Segelausflüge mit dem Kunsthändler und Verleger Georg Martin Richter. Von ihm hat er sich 1919 das Wohnrecht im Villino erkauft. Für 10 000 Reichsmark in bar darf er zwei Zimmer im Obergeschoss beziehen und die anderen Räume mitbenutzen. Die 1912 durch den Kaufmann Wilhelm Enders erbaute Immobilie erscheint dem Literaten als einzig beständige Geldanlage, hat er doch kurz zuvor eine Unsumme durch den Ankauf von Kriegsanleihen verloren. Als seine Frau Katja allerdings erfährt, dass Richter das Geld entgegen seiner Absicht doch bei der Steuer angegeben hat, tobt sie, denn sie hat den Behörden die Transaktion verschwiegen. »Man wird Schritte tun und das Feldafinger Verhältnis lösen müssen«, schreibt Thomas Mann am 6. November 1919 betrübt in sein Tagebuch. Doch so weit kommt es nicht. Richter tut alles, um seinen Freund gnädig zu stimmen: Er baut eine Heizung ins zuvor unbeheizte Villino ein,

Bayerische Verwaltung der
staatlichen Schlösser, Gärten und Seen

TEL. 08151 - 6975
Ust.-ID-Nr. DE 129 523 435

0001   ROSENINSEL   12-10-2011

RECHNUNG   5

KUNDENNUMMER 1

KAISERIN ELI.DT.   14.95   *14.95
RUND STARNB. SEE   12.90   *12.90
ZWISCHENSUMME   *27.85

MWST.7%   *1.82
SUMME   *27.85

EURO GEGEBEN   *50.85
ZURÜCK BAR EURO   *23.00

TEL. 08151 - 6975
Ust.-ID-Nr. DE 129 523 435

#0001   ROSENINSEL   12-10-2011

RECHNUNG   4

KUNDENNUMMER 1

1	KURZF.PARK/RO DEU	2.00	*2.00
1	ANSICHTSKARTE	0.90	*0.90
ZWISCHENSUMME			*2.90

MWST.19%   *0.14

SUMME   *2.90

EURO GEGEBEN   *3.00
ZURÜCK BAR EURO   *0.10

kauft ein Segelboot und ein Grammophon. Vor allem Letzteres begeistert den eigenbrötlerischen Schriftsteller: »Richter lässt unten Caruso und Journet singen, als seien die Stars zu Besuch.« Ständig läuft der »Zauberkasten« mit Manns Lieblingsmusik: Wagner, Beethoven, Verdi, Puccini.

In den vier Jahren, in denen Richter das Haus gehört, verbringt Thomas Mann 14 längere Arbeitsaufenthalte in Feldafing. 1923, ausgerechnet in der Hochinflation, verkauft der Verleger das Villino für zwei Billiarden Reichsmark. Thomas Mann gibt er davon 10 000 – genau die Summe, mit der dieser ihm seinerzeit ausgeholfen hatte. Der Schriftsteller verzeiht ihm auch diesmal, die Freundschaft bleibt bestehen. Dass das Villino die wechselvollen Jahre überdauert hat, ist Zufällen zu verdanken: In der Nazizeit be-

Thomas Mann schätzte die Ruhe im »Villino« in Feldafing. Hier begann er wieder am »Zauberberg« zu schreiben.

wohnte es der wichtigste Mann auf dem Gelände der Eliteschule: der Hausmeister. Später war darin die Bauverwaltung des Bundeswehrstützpunkts untergebacht, und der zuständige Leutnant hatte es sich dort so nett eingerichtet, dass er gesagt haben soll: »Eher spreng ich's in die Luft, bevor ich hier rausgehe.« Doch der Historiker Heißerer war hartnäckig. Und er fand kunstsinnige

Offiziere, die seine Idee vom Museum unterstützten. Heute ist im Obergeschoss des Villino die Dauerausstellung »Der Zauberberg in Feldafing« eingerichtet, ein Raum in Erdgeschoss ist dem Widerstand gegen den Nationalsozialismus gewidmet. Zugleich dient das Gebäude, das seit 2001 unter Denkmalschutz steht, dem Münchner »Thomas-Mann-Förderkreis« als Bibliothek und Archiv. Im Rahmen von Führungen können Besucher einen Blick in Thomas Manns »Mausloch« werfen.

Nazi-Elite-Schule und DP-Lager

Etliche Bauten auf dem Kasernengelände in Feldafing stehen bereits seit 1938. Seit der Zeit, als die Nazis hier die »Nationalsozialistische Oberschule Starnberger See«, eine Kaderschmiede, errichten. Auch die umliegenden Villen beschlagnahmen sie zu diesem Zweck. Dass die Häuser teils jüdischen Bürgern gehören, kommt ihnen dabei nur gelegen. Sie wollen die absolute Elite züchten – für die Spitzen der Wirtschaft und der Partei. 12 000 Jugendliche bewerben sich, 680 werden genommen. Drill, Korpsgeist und Gehirnwäsche prägen ihren Alltag. Wie stark dieser Einfluss auf die 13- bis 16-Jährigen ist, zeigt sich am Ende des »Tausendjährigen Reiches«: Im April 1945 erhält ein gutes Dutzend Schüler den Befehl, sich auf der Flucht vor den amerikanischen Truppen nach Südtirol durchzuschlagen. Unterwegs erfahren sie in einem Gasthaus aus dem Radio von Hitlers Tod. Acht der zwölf gehen daraufhin nach draußen und erschießen sich.

Es ist eine Ironie der Geschichte, dass nach dem Krieg gerade diejenigen eine neue Heimat auf dem Schulgelände finden, die am meisten unter den Nationalsozialisten zu leiden hatten: Juden. Rund 3000 ehemalige Gefangene der Konzentrationslager treffen im Lager für sogenannte DP's, »Displaced Persons«, in Feldafing ein. Ausgemergelte, gebrochene Menschen, die das Menschsein

Das DP-Lager von Feldafing war organisiert wie ein kleiner Staat. Es gab eigenes Geld und eine eigene Polizei.

erst wieder erlernen müssen. Wie schwer ihnen dies fällt, zeigt der Bericht einer Krankenschwester, die sieben weiblichen Neuankömmlingen nichtsahnend die Duschen zeigen will. Als die Frauen sich schreiend aneinanderklammern, merkt sie, was sie angerichtet hat. Und erst als die Krankenschwester gemeinsam mit den Frauen duscht, legt sich die Panik. Das DP-Camp steht zum Teil unter jüdischer Selbstverwaltung: Es gibt eine eigene Polizei, Läden, Kindergärten und Schulen sowie eine Theatergruppe. Sogar eigenes Geld führt man ein, den »Feldafinger Dollar«.

Doch trotz medizinischer Versorgung überleben viele die Gräuel der Konzentrationslager nur um wenige Wochen. Sie sterben an Entkräftung und werden in Massen- und Einzelgräbern auf dem Feldafinger Friedhof in einer eigenen Sektion verscharrt. Auch wenn nach einiger Zeit im Camp eine gewisse Normalität einkehrt, länger als nötig bleibt kaum einer im Land der einstigen Häscher. Die meisten sehen zu, dass sie schnell zu Kräften und neuen Papieren kommen, um dann nach Israel oder in die USA auszureisen. Ende Februar 1953 verlassen die letzten DP's das Camp, es wird aufgelöst. 1958 übernimmt die Bundeswehr das Gelände und baut eine Fernmeldeschule auf.

Von Feldafing nach Garatshausen

Vorsicht! Spaziergänger, Dackel!«, habe ich in meinen Reporterblock notiert. Kurz vor Garatshausen wird der Weg bisweilen sehr schmal, eingeengt durch die Zäune der privaten Badeparzellen links und die hohen Hecken der feudalen Villen rechts. Fußgänger und Radler, beide Gruppen müssen hier, wie auf allen Wegen rund um den See, aufeinander Rücksicht nehmen. Nur die Zamperl gehen ihre eigenen Wege, geleitet von verlockenden Düften. Also aufpassen! Es wird leicht hügelig. Der Weg folgt jetzt genau der Trasse der Ringkanalisation, die Anfang der siebziger Jahre rund um den See gelegt wurde und ihm zumindest an der Oberfläche eine gute Wasserqualität beschert hat. Unten am Grund, wo sich über Jahrzehnte Schmutz und abgestorbene Algen abgesetzt haben, wo Sauerstoffarmut herrscht, sieht es weit weniger prächtig aus, wie der Forscher Axel Kölbing einmal in einem Fernsehfilm anschaulich vor Augen geführt hat. Weil der Starnberger See über keinen nennenswerten Zufluss verfügt und sich lediglich über Bäche und Quellen speist, beträgt die Zeit, in der sich sein Wasser regeneriert, etwa 21 Jahre. Er braucht damit von allen bayerischen Seen am längsten. Die Ringkanalisation hatte noch ein Gutes. Sie hat verhindert, dass die Seeufer noch dichter bebaut wurden, als dies ohnehin schon der Fall ist. Denn die Kapazität der Kläranlage im Norden Starnbergs schränkte die Bautätigkeit ein. Neue Klärtechniken haben das wieder verändert.

Wer auf Thomas Manns Spuren wandeln möchte, muss nach der Roseninsel in Höhe der Feldafinger DLRG-Station nach rechts den Berg hinauf radeln, die Staatsstraße unterqueren und sich bei der Wache der Bundeswehrkaserne einfinden. (Anmeldung unter: www.lit-spaz.de)

Fürstin Gloria von Thurn und Taxis ist nicht anwesend, sonst würde die schwarz-rote Fahne über Schloss Garatshausen wehen.

Auf dem weiteren Weg gilt es, die erste kleine Anhebung zu bezwingen. Mehrere Straßen kreuzen jetzt den Rad- und Fußgängerweg. Passen Sie auf, es kann plötzlich ein Wagen herausgeschossen kommen, etwa eine schwarze Limousine mit Regensburger Kennzeichen, auf dem Beifahrersitz die Fürstin Gloria von Thurn und Taxis. Schloss Garatshausen, die Sommerresidenz der fürstlichen Familie, liegt im Anschluss an das Kreisaltenheim direkt am See. Gleich daneben steht die Albers-Villa.

Wo Hans Albers »La Paloma« sang

Der Münchner Sammler Felix Felzmann lässt den berühmten Schauspieler wieder lebendig werden

Kurz nach dem Kreisaltenheim Garatshausen kreuzt der Radweg die »Hans Albers-Straße« – eine Reminiszenz an den großen deutschen Bühnen-, Filmschauspieler und Sänger (1891 bis 1960), der hier die zweite Hälfte seines Lebens verbracht hat. Die nach ihm benannte Villa (Garatshausen 15) liegt auf einer Erhebung, dem einstigen Kalvarienberg. 1933 zieht Albers mit seiner Lebensgefährtin, der Schauspielerin Hansi Burg, in das ehemalige Gesindehaus der Familie Thurn und Taxis ein. Sie ist die Tochter seines jüdischen Mentors und Schauspielers Eugen Burg. Wie viele Nordlichter hat Albers, Sohn eines Hamburger Großschlächtereibesitzers, ein Faible für die Bayern. Der 42-Jährige ist damals bereits ein gefeierter Star, hat auf vielen Bühnen, in mehr als 100 Stummfilmen und in Tonfilmen wie der »Der Blaue Engel« (1930) an der Seite von Marlene Dietrich gespielt.

Die Villa im weitläufigen Grundstück ist neugierigen Blicken weitgehend entzogen. Ein breites Tor versperrt die Auffahrt. Wie ein gefährliches Raubtier wird der interessierte Besucher auf einen schmalen, beidseitig eingezäunten Pfad geleitet, der nach wenigen Metern vor einer Informationstafel mit dürren Daten zum Anwesen endet. Das dichte Blätterwerk erlaubt nur einen sehr begrenzten Blick auf das oberbayerische Landhaus mit dem behäbigen Erker, wo der Schauspieler am offenen Kamin saß und auf den See hinausschaute. Mehr Albers gesteht einem der Freistaat Bayern, Eigentümer des Anwesens, nicht zu. Mehr Albers ist aber auch nicht mehr drin, sei den Freunden des Schauspielers zum Trost gesagt. Die wuchtigen rustikalen Möbel und selbst der Kachelofen sind wie viele andere »Devotionalien« längst »verschwunden«. Allein das Bootshaus mit den dicken Holznägeln und seinem für den See einmaligen Reetdach erinnert noch an den einstigen Hausherrn und seine hanseatische Herkunft. Doch es befindet sich in einem traurigen Zustand und wird wohl bald einfallen. Im Reetdach hat der »blonde Hans« hin und wieder Buddeln mit Hochprozentigem vor seiner Lebensgefährtin Hansi Burg verborgen, um sie dann mit Freunden heimlich zu leeren.

Wer Geschichten wie diese hören will, sollte einen freundlichen Herrn in einem Münchner Vorort aufsuchen. Denn es musste erst Felix Felzmann kommen, ein in Bayern aufgewachsener Sudetendeutscher, um die Erinnerungen an den berühmten Sohn Hamburgs zu bewahren. In der Hansestadt wäre 1992 beinahe das Urnengrab des Schauspielers auf dem Hauptfriedhof Ohlsdorf aufgelassen worden, weil keiner die Pflegekosten übernehmen wollte. Erst als das bekannt wurde, verhinderte ein Hamburger Verleger die Blamage. »In Hamburg zählt nur das Geld, nicht die Kultur«, resümiert Felzmann. 1940 geboren, hat er im Laufe seines Lebens die deutschlandweit größte Sammlung über Hans Albers zusammengetragen: Hunderte Filmplakate, mehr als 2000 Fotos, Autogramme, 260 Fanpostkarten, Kostüme, Schallplatten und Bücher, private Gegenstände wie die Brieftasche, eine Schnapsflasche mit vielen Bechern und eine Schiffsglocke. Im Frühjahr 1996 hat er seine Raritäten an das Filmmu-

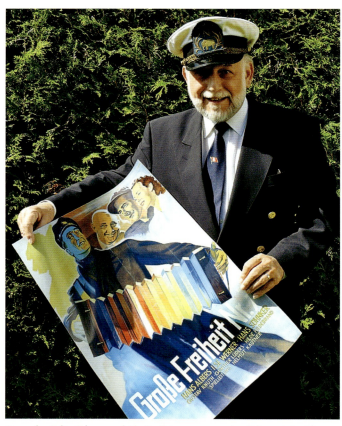

Sammler Felix Felzmann hält die Erinnerung an den Schauspieler Hans Albers lebendig.

seum in Potsdam verkauft – für 105 000 Mark, wie er inzwischen stolz verrät. In München zurück geblieben sind Einzelstücke, Fotoalben und ungezählte persönliche Erinnerungen. In der bayerischen Stube von Felix Felzmann wird der »blonde

Hans« wieder lebendig. Besonders dann, wenn der Gastgeber, angetan mit einer Phantasie-Kapitänsuniform, »La Paloma« oder »Hoppla, jetzt komm ich« täuschend echt schmettert.

Wenn Albers sich am Starnberger See von anstrengenden Dreharbeiten erholt, kommt er gern in bajuwarischem Räuberzivil daher – kurze, bestickte Lederhose, ein Salzburger Leinen-Janker und auf dem Kopf ein Strohhut. »Das Bootshaus war sein Lieblingsort«, erzählt Felzmann. Dort findet der Weltenbummler seine eigene große Freiheit. Im maritimen Ambiente, untermalt von Tonbandaufnahmen Hamburger Hafengeräusche, nimmt er gern mit Freunden einen zur Brust. Von einem Grammophon lässt er ›La Paloma« aus seinem Film »Große Freiheit Nr. 7« über den See schallen. »Ein Wind weht von Süd und zieht mich hinaus auf See ...« Fährt ein Dampfer vorbei und er hört, wie es durch den Bordlautsprecher quäkt: »Hier wohnt der berühmte Filmschauspieler Hans Albers«, dann winkt er, wirft den Bademantel ab und springt nackt in den See. Blond, blauäugig und von athletischer Statur entspricht er genau dem Schönheitsideal der Zeit. Das weiß er und inszeniert sich auch entsprechend. Doch das Wasser offenbart auch kleine Geheimnisse. Einmal bekommt Albers von einem Regisseur die Anweisung, ins Wasser zu springen und so lange untergetaucht zu bleiben, bis Ringe an der Wasseroberfläche zu sehen seien. »Nach wenigen Sekunden ist außer den Ringen auch noch das Toupet empor gestiegen«, so Felzmann. Albers verbarg damit seine Halbplatte. Schweifte sein Blick versonnen in die Ferne, was die Fans so mochten, so hat er in Wirklichkeit den Text von Gestellen abgelesen, sogenannten »Negern«, weil er sich keinen Text merken konnte. Und wenn er den Seebären auf großen Windjammern gab, war das auch nur Schau. Albers vertrug allenfalls die sanften Wellen des Starnberger Sees.

Die Nationalsozialisten drängen ihn zur Trennung von Hansi Burg. Nach einiger Zeit gibt Albers nach und trennt sich offiziell von ihr. Er lebt jedoch weiter mit ihr am Starnberger See, bis es zu gefährlich wird und sie nach London emigriert. Nach dem Krieg beschlagnahmt die US-Army die Villa. Albers bleibt nur eine kleine Kammer. Das ändert sich schlagartig, als Marlene Dietrich mit Jean Gabin in Garatshausen vorfährt und sich bei den US-Offzieren für Albers einsetzt. Kurz danach ist er wieder alleiniger Hausherr. Später kommt Hansi Burg aus ihrem Londoner Exil zurück und setzt sich gegen eine Freundin durch, mit der Albers in seiner Villa lebt.

Felzmann trifft sein Idol zum ersten Mal als 15-Jähriger am Münchner Gärtnerplatztheater. Für den von schwierigen Familienverhältnissen gebeutelten Jungen verkörpert der große, stattliche Herr im Kamelhaarmantel mit der Sonnenbrille und der dikken Zigarre die Vaterfigur. »Ein Pfundskerl!« Der junge Felzmann ist so fasziniert, dass er den Star zeichnet und von Petershausen mit dem Moped ein paar Stunden an den Starnberger See rattert, um dann durch die Löcher zu linsen, die Schaulustige in die dicke Thujenhecke um die Albers-Villa geschnitten haben. Als er den Schauspieler sieht, begrüßt er ihn. »Komm rin min Jung«, sagt der. Felzmann ist am Ziel seiner Sehnsüchte. Da ertönt besagte Schiffsglocke. Sie ruft zum Essen. Der kleine Besucher wird eingeladen, lehnt aber unter dem Vorwand eines weiten Rückwegs dankend ab. »Ich hätte vor Aufregung keinen Bissen runtergebracht.« Er besucht Albers noch zweimal in Garatshausen und trifft später einige Male Haushälterin »Lieschen« zum Kaffeetrinken, um mit ihr über Albers zu reden. Bei einer solchen Gelegenheit finden sie im Reetdach des Bootshauses noch eine vergessene Pulle, die sie auf sein Wohl trinken. In den 50er Jahren muss der Mime zunehmend mit Alkoholproblemen kämpfen, die er zu verbergen sucht. Hat er den Sprung vom Stummfilm zum Tonfilm mit seiner markanten Stimme und der schnoddrigen Art bravourös geschafft, so spürt er Jahrzehnte später, dass solche Typen nicht mehr gefragt sind. Auf dem Plakat zu seinem letzten Film

»Kein Engel ist so rein« 1960 mit Sabine Sinjen und Peter Kraus sind die beiden groß im Vordergrund abgebildet, Albers dagegen hinten versteckt. Da weiß er, dass seine Zeit abgelaufen ist – und greift zur Flasche. Doch er radelt auch am Ufer entlang, lässt sich von seinem Fahrer Paul Schraml im dunkelblauen Cadillac rund um den See chauffieren. Am 24. Juli 1960 stirbt Hans Albers in der Klinik Kempfenhausen am Ostufer des Sees. »Er war bis zum Schluss ein ganzer Kerl«, bekräftigt Felzmann.

Hansi Burg und »Lieschen« Büchner leben weiter in der Villa. Die hohen Unterhaltskosten zwingen die Witwe jedoch, die Villa an den Staat zu verkaufen – unter der Bedingung, dass sie nach ihrem Tod öffentlich zugänglich gemacht wird. Laut Kaufvertrag vom 20. April 1971 beantragte die Schlösser- und Seenverwaltung die Befreiung von der Grunderwerbssteuer, »nachdem der Erwerb für öffentliche Erholungszwecke erfolgt«. Nach dem Tod der beiden Damen richtet der Staat eine Station für Seenfischerei ein. Der Öffentlichkeit bleibt der Zutritt verboten. Mittlerweile steht das Anwesen zum Verkauf. Doch der verzögert sich, weil erst eine neue Bleibe für die Fisch-Forscher gefunden werden muss. Zum anderen hat das Geschäft einen Haken: Der Freistaat, von der bayerischen Verfassung gehalten, der Öffentlichkeit Naturschönheiten wie das Seeufer zugänglich zu machen, kann den langen Uferstreifen deshalb schlecht hergeben. Welcher Reiche kauft aber für einen zweistelligen Millionenbetrag 27 000 Quadratmeter Park samt einem maroden Haus am See, jedoch ohne Ufer. Es kam auch immer wieder die Idee auf, die Kultstätte zu einem Museum zu machen. Das lehnt Felzmann entschieden ab. Es gebe nichts mehr zum Ausstellen, das Haus sei zu abgelegen und mit den vielen kleinen Zimmern als Museum völlig ungeeignet. Für Fans des blonden Hans bleibt also nur ein Straßenschild – und viele schöne Erinnerungen.

Von Garatshausen nach Tutzing

Wir passieren das Freibad Garatshausen, dessen Kiosk Klaus Eisele betreibt. Es bietet sich die Möglichkeit zur Rast und einer Abkühlung im See, ebenso wie im benachbarten Tutzinger Nordbad. Hier ist an einer knorrigen Eiche ein Marterl angebracht. Schreckliches hat sich im Jahr 1826 auf dieser Höhe draußen auf dem See zugetragen: »Abends stürzte im Beisein seines Weibes und seiner zwei Kinder auf der Rückfahrt vom Fischerjahrtag in Starnberg aus dem Schiff und ertrank zwischen Tutzing und Garatshausen: Peter Rieger, Söldner und Hoffischer zu Tutzing. Beerdigt am 10. Oktober 1826.«

Ein in der naiven Kunst der Votivbilder gemaltes Ölgemälde illustriert das Unglück. Trotz moderner Bootsbautechnik und der Sturmwarnung mittels gelber Warnleuchten hat der See bei Unwettern nichts von seiner Gefährlichkeit verloren. Binnen einer halben Stunde vermag sich die glatte Wasseroberfläche in tosende Gischt zu verwandeln. Fast jährlich ereignen sich tödliche Segelunfälle.

Rechter Hand liegen auf der Anhöhe die Tagungsgebäude der Politischen Akademie. Das auf einem Landvorsprung liegende Midgard-Haus, heute die »Wirtschaft zum Häring«, lassen wir links liegen, obwohl ein Aufenthalt im lauschigen Biergarten oder auf der Terrasse von Marlies und Fritz Häring durchaus lohnen würde. Schickeria und Otto Normalverbraucher geben sich hier ein Stelldichein. Die Villa im italienischen Stil stammt aus dem Jahr 1853. Hier wohnten Maximilian Schmidt, durch seine Romane als »Waldschmidt« bekannt geworden, und der

Obwohl bei schönem Wetter Hochbetrieb herrscht, lassen sich auch noch
ruhige Plätze finden wie hier in Tutzing.

Ägyptologe Georg Ebers. 1954 erwarb die Gemeinde das Anwesen. Als es 1976 einem Luxushotel weichen sollte, renovierte eine Bürgerinitiative das heruntergekommene Landhaus und rettete es auf diese Weise. In letzter Minute besann sich der Gemeinderat eines Besseren und bewahrte das idyllische Plätzchen am Starnberger See vor massiver Bebauung.

Eigentlich müssten wir jetzt wieder auf die Hauptstraße ausweichen, denn Radfahren ist auch in den Tutzinger Parks verboten. Auf dem Brahmsweg ist aber unter der Woche nicht so viel los. Also riskieren wir es. Der Weg erinnert an den Tutzinger Aufenthalt des bedeutenden Komponisten Johannes Brahms im

Die meisten Boots- und Badehäuser sind im vorletzten Jahrhundert zusammen mit den Sommerhäusern entstanden.

Frühsommer 1873, der hier unter anderem an den Haydn-Variationen gearbeitet hat. Im Vogl-Pavillon des berühmten Wagnersänger-Ehepaars Heinrich und Therese Vogl sollen einige neue Brahms-Lieder zum ersten Mal erklungen sein. Weitere Büsten erinnern an berühmte Tutzinger Bürger, darunter die Pianstin und Ehrenbürgerin Elly Ney (1882 bis 1968). Zusammen mit dem Cellisten Ludwig Hoelscher rief sie die Tutzinger Musiktage ins Leben. Auch Max Reger, Engelbert Humperdinck, Hans Pfitzner und Werner Egk hat es nach Tutzing gezogen.

»Seine Majestät haben zu genehmigen geruht«

Die historischen Pläne von Bootshäusern sind mit ihrer liebevollen Kolorierung wahre Kunstwerke

Sie sind nicht zu übersehen, die meist altertümlichen Badehäuser und pittoresken Fischerhütten, etwa an der Tutzinger Seepromenade. Als vor 150 Jahren die ersten Sommerhäuser am Starnberger See entstanden, gehörte dazu natürlich auch ein Boots- und Badehaus. Dort gaben sich die Damen hochgeschlossen dem Bade hin, ohne dass neugierige Gaffer sie belästigten. Für die Anlagen war damals zwar auch schon eine Baugenehmigung notwendig, doch diese war – anders als heute – reine Formsache. Die Pläne sind noch immer vorhanden, tief in den Kellern des Starnberger Landratsamts verwahrt, und eine wahre Rarität. Gegenüber den Blaupausen unserer Tage stellen sie regelrechte Kunstwerke dar. Sie zeigen das geplante Häuschen bis hin zu den Holzornamenten im Giebel und sind sorgsam koloriert: das Dach in leuchtendem Rot, die Wiese grün, der See blau. Hüter dieser Schätze ist Franz Reuber, Leiter der Unteren Wasser- und Naturschutzabteilung.

Die Namen der Antragsteller auf den vergilbten Akten lesen sich wie ein Who's who der damaligen Zeit: Elise Knorr, Ludwig von Poschinger, Hippolit von Klenze, von der Pfordten, Maffei, Ainmiller, Lobkowicz. Auch die alteingesessenen Fischergeschlechter der Gröber, Lidl, Müller, Beck und Lettner sind vertreten. Unterzeichnet sind die Genehmigungen von einem Freiherrn von Malsen, königlich-bayerischer Obersthofmarschall. Manchmal ist sogar Majestät höchstpersönlich, König Ludwig II., mit einem Vorgang befasst. Denn bei bestimmten Seegrundstücken hat sich der Monarch das Recht des Durchreitens ausbedungen. Eine rote Linie markiert in den Plänen den königlichen Reitweg. Der Genehmigungsbescheid las sich dann so: »Seine Majestät der König haben durch allerhöchste Signatur vom 9. März des Jahres 1866 den Bau einer Bad- und einer Schiffhütte im Würmsee durch Dr. Geis bei Garatshausen unter nachfolgenden Bedingungen allergnädigst zu genehmigen geruht.«

Als das Interesse an Seegrundstücken und Bootshäusern nach dem Zweiten Weltkrieg sprunghaft zunahm, sahen sich die Behörden gezwungen, 1974 einen strengen Kriterienkatalog für die Genehmigung von Stegen und Bootshäusern aufzustellen. Die Anlagen, die seitdem entstanden, lassen sich an den Fingern einer Hand abzählen. Es mussten sogar etliche Stege, Badeplattformen und Hütten beseitigt werden. Es kann passieren, dass Eisgang einen Steg beschädigt. Das kommt etwa alle zehn Jahre vor, wenn der See teilweise oder ganz zufriert. Voraussetzung dafür sind starke Herbststürme, welche den See durcheinanderwirbeln und die Wassertemperatur senken. Dann genügen ein paar Frosttage, und der See friert zu. Wer da nicht rechtzeitig das Eis um seinen Steg aufsägt, hat Pech gehabt. Binnen Stunden schließt sich die Eisdecke und baut einen Druck auf, der die dicken Pfosten abknickt wie Streichhölzer. Für die Erneuerung solchermaßen beschädigter oder

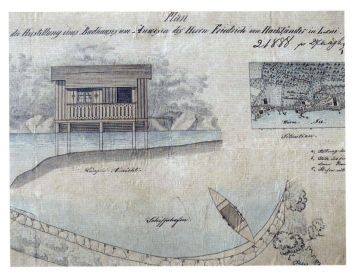

Liebevoll koloriert war der Antrag des Friedrich von Hackländer auf Herstellung eines „Badhauses" in Leoni.

auch morsch gewordener Stege ist wiederum ein Antrag erforderlich. Meist wird er befürwortet, allerdings auf Widerruf, falls irgendwann einmal der Seeuferweg durch die Privatgrundstücke realisiert werden sollte. Auch beim Verkauf von Seegrundstücken muss ein Uferstreifen für den Weg abgetreten werden. Doch in den Amtsstuben ist man davon angekommen, den Seeuferweg durchzusetzen – im Interesse des Naturschutzes.

In früheren Zeiten endeten Schreiben an die Behörde etwa so: »Eines königlichen Bezirksamtes gehorsamster Xaver Mayer.« »Die haben noch gewusst, was sich gehört«, frotzelt Franz Reuber.

S eit Beginn des Jahrhunderts ziert eine Statue das Seeufer in unmittelbarer Nachbarschaft des Tutzinger Dampferstegs. Die wenigsten Schiffsgäste oder Passanten dürften allerdings wissen, dass es sich hier um Papst Clemens I., den Nachfolger des heiligen Petrus handelt. Bis vor etlichen Jahren hatte der würdevolle Papst auch noch einen Anker als Symbol in der Hand. Der fiel jedoch einem Unwetter zum Opfer, nachdem Sturmböen eine große Silberpappel zu Boden gezwungen hatten. Das rund 200 Jahre alte Werk eines unbekannten Schöpfers hatte der Großvater des jetzigen Grundstücksbesitzers Dr. Albrecht Ulrich, der Kommerzienrat Karl Wildt, vor dem Ersten Weltkrieg in Südtirol erworben.

Der Weitblick früherer Bürgermeister hat Tutzing herrliche Uferpromenaden beschert, die das Seeufer nahezu überall zugänglich machen – mit einigen Ausnahmen. So müssen wir das Tutzinger Schloss umradeln. Es war schon Ende des 15. Jahrhunderts im Besitz der Münchner Patrizier Dichtl. 1944 erwarb es der Pudding-Fabrikant Rudolf Oetker, der 1949 Schloss und Park an die evangelische Kirche verkaufte. Sie machte das Kleinod zum Sitz der bekannten Evangelischen Akademie. Hier formulierte Egon Bahr Anfang der 1960er Jahre die Grundzüge der Ostpolitik von Willy Brandt: »Wandel durch Annäherung«. In der seminarfreien Zeit kann man im Gästehaus der Akademie logieren und den herrlichen Park genießen.

Von ihrem Tutzinger Mutterhaus aus ziehen die Missions-Benediktinerinnen hinaus in die Welt. Zunächst war es Tansania, dann die Philippinen und Brasilien. Weitere Länder folgten.

Die „Tutzing" ist für immer am Ufer ihrer Gemeinde vor Anker gegangen und dient heute als Ausflugslokal.

Museumsschiff "Tutzing"

95 Schwestern kümmern sich um das Krankenhaus und die Realschule sowie die Schwestern im Ausland.

Ein beschauliches Fleckchen ist der Thoma-Platz neben der alten Kirche St. Peter und Paul, die ein kleiner, alter Friedhof umgibt. Bänke an einer windgeschützten, sonnenbeschienen Mauer laden zum Verschnaufen ein. Der Blick öffnet sich auf die mit 4,7 Kilometern breiteste Stelle des Sees und die dahinter aufragenden Berge. Vorne am Seeufer steht eine prächtige Bank aus Stein, auf jeder Seite »bewacht« von geflügelten Löwen. Nach dem alten, unter Denkmalschutz stehenden Fischerhaus der Familie Lettner, die auch heute noch den Fischfang ausübt und Bootsliegeplätze vermietet, erreichen wir den Bleicherpark mit seinem lauschigen Pavillon. Alle fünf Jahre feiern die Tutzinger

Ein kunstvoll geschmiedetes Tor am Eingang zum Innenhof des Tutzinger Schlosses. Im Sommer kann man sich hier einmieten.

Eine gute Gelegenheit zum Lesen, Entspannen und Nachdenken bietet die Terrasse der Evangelischen Akademie Tutzing.

eine Fischerhochzeit. In ihren traditionellen Trachten spielen sie nach, wie anno 1814 der Michael Gröber die Veronika Bierbichler vom Ostufer heiratete.

An den Turnhallen des Gymnasiums entlang müssen wir zur stark befahrenen Hauptstraße ausweichen. Die gut 50 Meter bis zum nächsten Abzweig nach links Richtung See legen wir am besten auf dem »falschen« Gehsteig zurück. Vorsicht aber bei Fußgängern und entgegenkommenden Radlern. Vor nicht allzu langer Zeit durfte sich Tutzing noch Luftkurort nennen. Damit ist es wegen der hohen Verkehrsbelastung vorbei. Deshalb sind wir froh, nach der Realschule der Missionsbenediktinerinnen wieder nach links in den Kustermann-Park einbiegen zu können.

Von Tutzing nach Bernried

*I*n Höhe des Gröberweges biegen wir wieder zum See ab. Es geht vorbei am Jagdhaus der Kustermanns (links) und der Kustermannvilla (rechts) in den Kustermannpark, benannt nach dem Kommerzienrat Max Kustermann, der das Gelände Mitte des vorigen Jahrhunderts kaufte und dort nach Meinung des Kreisheimatpflegers Gerhard Schober in den Formen der Neu-Renaissance eine der schönsten Villen am See errichtet hat. 1970 kaufte die Gemeinde Villa und Park. Alle Bebauungsversuche scheiterten bisher am massiven Widerstand der Bürger.

Aus der gleichen Zeit wie die Villa stammt auch das unter Brombeerranken versteckte »Pumphäuserl«, das seinerzeit für die Kühlung einer Brauerei gebaut wurde und dann die ehemaligen Textilwerke über den Johannishügel hinweg mit Wasser versorgte. Der Hügel selbst war früher übrigens im Besitz des Kunsthändlers Marcel von Nemes. Erst 1928 hat ihn der Tutzinger Ehrenbürger in seinem Testament der Gemeinde vermacht. Heute ist der Johannishügel als »Drumlin« ein stummer Zeuge der Eiszeit und deshalb ein geologisches Naturdenkmal. Gekrönt wird er von einer hohen Statue des Nepomuk, die um 1760 für die Rettung aus Seenot gestiftet wurde. Etwas weiter südlich erinnert ein kleines Denkmal an den Feldafinger Verleger und Journalisten Friedl Brehm.

Wir kommen an der »Tutzing« vorbei, die von der Staatlichen Seenschifffahrt ausrangiert wurde und nach langem Hin und Her hier ihr Gnadenbrot fand. Ein engagierter Verein hat die alte Dame wieder aufpoliert und betreibt ein kleines Café, dessen Jazz-Frühschoppen begehrt sein sollen. Am Kiosk, gleich

Giraffen am Starnberger See? Das Werk des Mecklenburger Holzkünstlers Günter Schumann weist den Weg zum Buchheim-Museum.

hinter dem Deutschen Touring Yacht-Club und dem Südbad, beginnt linkerhand die Lindenallee, die Tutzing seiner Schlossherrin Gabriele Gräfin Landberg-Hallberger zu verdanken hat. Wir folgen ihr ein kurzes Stück und richten uns nach dem Schild Richtung Bernried. Wer Hunger und Durst hat, sucht den Weg zur Hauptstraße und setzt sich unter die Kastanien der Wirtschaft Bauerngirgl. Hinter Unterzeismering biegen wir in den teilweise engen Fußweg am Beginn des Naturschutzgebiets »Karpfenwinkel« ein. Der Karpfenwinkel ist das letzte größere Schilfgebiet am Starnberger See und wurde, vor allem wegen seiner Bedeutung für die Vogelwelt, am 1. Mai 1985 unter Naturschutz gestellt. Ein Verlassen der Wege ist deshalb ganzjährig verboten.

Wieder unter schattenspendenden Linden, steigt der Kiesweg zum steilsten Stück der gesamten See-Umrundung an. Auf dem Schotter geht es recht mühsam hinauf, auf immerhin 620 Meter über dem Meeresspiegel. Keine falsche Scham also und abgestiegen. Zumal der enge Weg bei Gegenverkehr Vorsicht verlangt. Oben geht es hinein zur Herzklinik der Deutschen Rentenversicherung Bayern Süd, früher kurz die LVA. Die Klinik bietet die Fachgebiete Kardiologie, Orthopädie und Psychosomatik für die stationäre oder ambulante Rehabilitation. Das gesamte Gelände ist wieder öffentlich zugänglich, allerdings ausschließlich zu Fuß. Sehenswert ist der weitläufige Park, darin auf einer Wiese weiße Hirsche und unter dichtem Blätterdach die Sarkophage der früheren Eigentümerin des gesamten Areals, Wilhelmina Busch-Woods und ihres Gatten. Am Seeufer schweift der Blick von der Nord- zur Südspitze des Sees. Im Schloss laden zwei Cafés ein.

Wir folgen dem asphaltierten Radlweg. Unmittelbar nach der Klinik weisen zwei große Holzgiraffen auf etwas Besonderes hin. Hier geht es ins Buchheim-Museum. Ein Geheimtipp sind die Mississippi-Weiher, die gleich am Eingang treppenartig zum

See hin absteigen. Sie sollten Sam Woods an seine Südstaaten-Heimat erinnern. Von der Kuppe aus öffnet sich der Blick auf den Museumsbau von Günter Behnisch, der wie ein großer Dampfer im Schlosspark vor Anker liegt.

In Bernried angekommen, biegen wir bei der Einfahrt zum Hotel Marina zunächst nach links ab, ohne aber bis hinunter zum Jachthafen zu fahren. Auf halber Höhe geht es nach rechts vorbei an der Diskothek »Saustall« zum Dampfersteg und weiter zum Chorherrenstift der Augustiner, das seit 1949 den Missionsbenediktinerinnen als Kloster und Stätte für die Erwachsenenbildung dient.

Das bayerische Wunder

Wie es zuging, dass Lothar-Günther Buchheim in Bernried ein eigenes Museum bekam

Als Walter Eberl an einem Abend im April 1997 im Autoradio hört, dass die Feldafinger gerade mit großer Mehrheit Lothar-Günther Buchheims Museum der Phantasie abgelehnt haben, zögert er nicht lang. Dem damaligen Bernrieder Bürgermeister ist sofort klar: »Das Ding muss ich an Land ziehen.« Ein Museum, das ist die Attraktion, die neben dem Titel »Schönstes Dorf Deutschlands« noch fehlt. Sofort setzt er alle Hebel in Bewegung und spricht bei den Buchheims in Feldafing vor. Er ist einer der ersten. Mehr als hundert Städte und Gemeinden sollten folgen. Alle wollen sie die weltberühmten Expressionisten haben – nur nicht die Feldafinger. Buchheim (1918–2007) werden Schlösser und Paläste in bester Lage angeboten. Doch das kauzige Genie hat am Starnberger See viel zu tief Wurzeln geschlagen, als dass es »mit seinen Schäfchen« nach München, in

Sein Lebenstraum ging in Erfüllung. Lothar-Günther Buchheim fand nach vielem Hin und Her einen Hafen für seine „Schäfchen".

die Geburtsstadt Chemnitz oder gar nach Übersee emigriert wäre. Schon früher ist Buchheim gerne nach Bernried geradelt, entlang der wunderbaren Allee. »Man braucht keinen Wettbewerb, um zu erkennen, dass dieses Dorf besondere Schönheit hat«, sagte er in einem langen Gespräch ein Jahr vor seinem Tod im Februar 2007. Die sanften Moränenhügel im weitläufigen Bernrieder Park, der Blick auf den See mit den weißen Tupfern der Segelboote erinnern ihn an jene Symbiose von Kunst und Natur, die das Museum Louisiana bei Kopenhagen bildet, das große Vorbild für ein eigenes Museum. Buchheims einzige Sorge damals: dass die Leute nur zum »Kuchenessen« kommen und nicht der Kunst wegen. Diese Sorge sollte unbegründet sein, wie sich später herausstellt.

Eberl, ein pfiffiger und tatkräftiger Bürgermeister alten Schlags, hat auch gleich ein Grundstück im Auge – eine zum See abfallende Wiese auf dem Gelände der Klinik Höhenried. Einzige, aber auch größte Hürde: ein Rudel weißer Hirsche. Schlossherrin Wilhelmina Busch-Woods hatte sie einst dort angesiedelt. Würden Museums-Gegner das seltene Schalenwild zum Anlass nehmen, um Rabatz zu machen, so wie die Feldafinger? Aber Eberl hat seine Gemeinde im Griff. Die Hirsche werden ohne größeres öffentliches Getöse auf ein Ersatzgrundstück umquartiert. Und es steht ja auch kein geringerer als der bayerische Ministerpräsident hinter dem Projekt, auch wenn das in Feldafing nichts fruchtete. »Ich dulde keine bürokratischen Widerstände«, schreibt damals Edmund Stoiber auf den ersten Staatskanzlei-Vermerk zum Museum der Phantasie. Das öffnet die Türen sämtlicher bayerischen Behörden.

Die Bernrieder empfangen Buchheim mit offenen Armen, sogar eine gewisse Euphorie kommt auf. »Das Museum ist ein Juwel«, schwärmt eine Bernriederin, als Beamte der Staatskanzlei das Vorhaben erstmals im Ort vorstellen. Wie seine Bürger stellt

Eberl auch den streitbaren Kunstsammler ruhig, wenn es sein muss. »Gib a Rua, spinn di aus«, sagt er dann zum Herrn Professor und lässt Weißwürste auftischen. Aber die »Tassen würden noch tiefer fliegen«, wenn nicht Diethild Buchheim mäßigend auf Buchheim einwirkte. Der wünscht zum Beispiel den renommierten Museums-Architekten Günter Behnisch am liebsten auf den Mond. Behnisch habe viel zu viele Fenster eingeplant, tobt Buchheim. Das Licht im Innern sei miserabel. Behnisch war U-Boot-Fahrer wie Buchheim, Autor des Bestsellers »Das Boot«. Vielleicht, resümierte Buchheim im nachhinein, habe die Enge und Abgeschlossenheit eines U-Bootes den Olympia-Architekten unbewusst bewogen, einen so lichten Bau zu schaffen. Man hätte mehr miteinander reden sollen, sagte er rückblickend. Später wird Buchheim noch auf eine grüne Wand, deren Farbe ihm missfällt, lustige Segelboote malen. Bei solchen Gelegenheiten trat der Schalk zutage, der ihn die 500 Figuren des »Zirkus Buffi« aussägen und viele Kinderbücher machen ließ. Kunst, das war für Buchheim nicht hoch dotierte »Flachware«, vor der man in sterilen Kunsttempeln ehrfurchtsvoll erstarrt, sondern sie ist bunt und lebendig. Der Phantasie von Kinderzeichnungen vermochte er mehr abzugewinnen als dem etablierten Kunstbetrieb. Deshalb finden im Museum Malkurse für Kinder statt. Es sind die »Wiesenpfade« hin zur Kunst, auf die er sein Augenmerk richtete. Bindeglied zwischen hochkarätigen Meisterwerken und Dittis Blätterbildern war für ihn die Kreativität. Die knapp 500 Werke des Expressionismus bilden zwar den Nukleus der Sammlung. Doch dazu gehören auch die Aquarelle und Holzschnitte, das grafische Werk Picassos, die Chagall-Lithos, die Hinterglasbilder, die skurrilen Holzfiguren von Hans Schmitt, die naive Bauernkunst eines Max Raffler, Kunst aus Afrika und der Südsee, unzählige gläserne Paperweights, Jugendstilgläser, chinesische Teabottles, smaragdgrün schillernde Seidenstoffe aus Indien und Nepal, nicht zu vergessen die eigene Arbeiten des Künstlers, insbesondere aus den »Tropen von Feldafing«.

Liegt wie ein Luxusliner im Bernrieder Park vor Anker. Das von Günter Behnisch entworfene Museum der Phantasie.

Das Ehepaar Buchheim besucht sehr oft die Baustelle, lässt sich hinauf in die Kabine des Krans hieven, um alles überblicken zu können. Buchheim achtet auch peinlichst auf Ordnung, räumt leere Bierflaschen weg und begrüßt polnische Bauarbeiter in ihrer Landessprache, was ihm sofort große Wertschätzung einbringt. Penibel sehen die Buchheims auch alle Rechnungen durch, damit die Kosten nicht aus dem Ruder laufen. Es werden schließlich knapp 40 Millionen Mark, die der Freistaat aus Privatisierungsmitteln bezahlt. 2001 wird das Museum zu den Klängen von Klaus Doldingers Titelmelodie aus dem Film »Das Boot« mit einem bunten, fröhlichen Fest eröffnet. Für Buchheim war ein Lebenstraum in Erfüllung gegangen. Voll tiefster Zufriedenheit sprach er von einem »bayerischen Wunder«.

Von Bernried nach Seeshaupt

Nach eingehender Besichtigung der Hofmarkskirche aus dem Jahr 1392, an deren Südwand im März 2007 der Feldafinger Sammler, Autor, Maler und Fotograf Lothar-Günther Buchheim seine letzte Ruhestätte fand, lohnt sich auch noch eine kleine Rundfahrt durch den schmucken Ort. Bernried wurde in Wettbewerben bereits mehrmals als eine der schönsten Gemeinden Bayerns prämiert. Neben der Hofmarkskirche und einem Rathaus von 1542 verfügt die kleine Gemeinde über 26 denkmalgeschützte Häuser und Ensembles. Vor allem die alten Holzhäuser sind sehenswert. Etliche von ihnen haben über 300 Jahre »auf dem Dach«.

In Richtung Seeshaupt führt der Weg durch den Bernrieder Park. Das rund 80 Hektar große Areal gehört der »Busch-Woods-Stiftung«. Wer den Starnberger See bislang als »völlig verbaut« abgeschrieben hat, kann spätestens hier aufatmen. Bänke laden zum Verweilen ein. Uralte Buchen und Eichen säumen den idyllischen Weg. Wir folgen dem Prälaten- und dann dem König-Ludwig-Weg. Ein Segen für Mensch und Natur, dass man hierher nur auf Schusters Rappen oder mit dem Fahrrad kommt. Einziges Gebäude auf weiter Flur ist das frühere Teehaus der Wilhelmina Busch-Woods, das an Privatleute vermietet ist. Einst wollte es der Schauspieler Curd Jürgens kaufen. Dort, wo der Stiftungspark endet, ist der schmale Weg durch ein landschaftliches Kleinod nur den Fußgängern vorbehalten. Zahllose Wurzeln und nach Schlechtwettertagen auch morastige Pfützen würden die Etappe nach Seeseiten zu einer reinen Hindernisfahrt machen. Wir weichen deshalb auf den gut befahrbaren Forstweg aus.

Schloss Seeseiten gehört dem Milliardär August von Finck. Einst bewohnte es Regierungschef Freiherr Ludwig von der Pfordten.

Nach einer kurzen Fahrt erreichen wir freies Wiesengelände. Wer seinen Blick hier zurückwendet, sieht in traumhafter Lage das Schloss Seeseiten, das der Milliardär August von Finck, Jahrgang 1931, sein eigen nennt. Er zählt zu den 20 reichsten Deutschen. Aus Angst vor dem Fiskus ist Finck längst in die Schweiz ausgewandert. Um 1867 war das Schloss in klassizistischem Stil für Freiherr Ludwig von der Pfordten errichtet worden, der damals so etwas wie der bayerische Ministerpräsident war. Entworfen hat es der Architekt Gregor von Dollmann, ein Schüler und Schwiegersohn Leo von Klenzes, der auch die Schlösser Neuschwanstein und Linderhof für Ludwig II. baute. Den Garten legte Hofgartendirektor Karl von Effner an. Weil sich Finck, wenn er schon mal da ist, strengstens vor der Öffentlichkeit abschirmt, interessiert sich das Radlteam mehr für den »Gasthof Café Seeseiten«, der eine nicht minder noble Lage, aber zusätzlich auch noch etwas zum Essen und Trinken zu bieten hat. Ein bisschen Geduld sollten Sie aber schon mitbringen, wenn Sie

900 Zentner wog der Findling, den Ochsen am 24. Januar 1905 zum Hotel »Post« zogen. Es sollte ein Denkmal für Ludwig II. werden.

hier das wohlverdiente Mittagsmahl einnehmen wollen. Wirt Hubert Dommaschk schätzt nur die »gute Kundschaft«, die »ein Schnitzel oder eine Renke bestellt und Zeit hat«. »Radler«, sagt Dommaschk, »sind sehr ungeduldig.« Schütteln Sie also den Stress der Woche ab, haben Sie Verständnis für das oft überlastete Personal, und genießen Sie inzwischen die einmalige Aussicht auf die Seeshaupter Bucht und die langgezogene Benediktenwand. Die ist gratis und Sie liegen gut in der Zeit!

Mit vollem Bauch geht es gemächlich weiter. Bis nach Seeshaupt ist es nur noch ein Katzensprung. Angenehmer und sicherer als die Straße ist hier wieder der Fußweg, der nach einigen hundert Metern links abgeht. Getreu dem Motto »Nach dem Essen sollst Du ruh'n …« sollte man seinen Drahtesel hier vielleicht schieben, um die flanierenden Liebespaare nicht jäh aus ihren Träumen zu reißen. Kurz vor der Ortseinfahrt von Seeshaupt mündet der Wanderweg in einen engen Fußgängerweg und führt nach etwa 50 Metern wieder von der Straße weg. In dem kurvigen Stück ist Vorsicht geboten, besonders, wenn Radler, die den See im Uhrzeigersinn umrunden, entgegenkommen. Mit Kindern sollte man hier besser absteigen und das kurze Stück schieben.

Am Dampfersteg fällt eine verwitterte Säule auf. Es ist eine »Seegerichtssäule«. Sie trägt die Inschrift S-G, die Jahreszahl 1522 und den schräg gestellten Fisch, der auch im Seeshaupter Wappen prangt. Die Säule hat vermutlich die Grenze zwischen dem Landgericht Weilheim und dem Seegericht Starnberg markiert. Sie können sich jetzt entscheiden, ob Sie bereits genug in die Pedale getreten sind. Wenn ja, besteigen Sie einfach die »Starnberg«, die »Seeshaupt« oder die »Bayern«, und lassen sich nach Starnberg zurückfahren. Besonders bei aufkommendem Schlechtwetter ist dies eine Alternative. Für Sie kommt ein Kreifen vor der zweiten Hälfte natürlich nicht in Frage, auch wenn die Wadeln schon etwas zwicken und der Po schmerzt.

Deshalb empfehlen wir, durch Seeshaupt nicht auf der Hauptstraße zu radeln, sondern auf der großen Kreuzung in der Ortsmitte nach rechts in Richtung Penzberg und nach wenigen Metern links in den d'Allarmi-Weg abzubiegen. Hier radeln wir auf einem verkehrsarmen Nebenweg parallel zur Hauptstraße. Bei klarem Wetter bietet sich nach Süden ein herrlicher Ausblick auf die Moorlandschaft der Osterseen und das Zugspitzmassiv. In Höhe des Restaurants Lido erreichen wir wieder die Straße am See.

»Taverne zu Seeshoibit« mit Tradition

König Ludwig II. wohnte regelmäßig im Hotel »Post« in Seeshaupt / Heute residieren dort Senioren

Gerade hat das Dampfschiff »Maximilian« angelegt. Vornehme Damen in langen Kleidern, den Sonnenschirm in der Hand, treten auf den Steg. Sie sind in Begleitung eleganter Herren im schwarzen Zweireiher und Zylinder. Gemächlich steigt die Gesellschaft bergan zu einem Gasthof, der behäbig auf dem Höhenrücken thront – das Hotel Post. Carl Spitzweg hat die Szene in seinem Gemälde »Ankunft in Seeshaupt« festgehalten. »Wo nehme ich all die Maßkrüge her?«, soll der Wirt Rasso Vogl ob des Ansturms verzweifelt ausgerufen haben. Das war um 1860. Die Dampfer bilden zu jener Zeit das Hauptverkehrsmittel nach Seeshaupt. Es gibt noch keine Autobahnen und Staatsstraßen, über die man schnell mal zum Kaffeetrinken hinausbraust. Mit der Eisenbahn geht es zunächst von München nach Starnberg und dann weiter mit der Postkutsche an den südlichsten Punkt des Sees. Erst später kam die Bahn. 1857 hat Rasso Vogl die Genehmigung erhalten, eine »königliche Poststallung und Postexpedition« am Hotel einzurichten. Seeshaupt ist noch ein verschlafenes, kleines Fischerdorf. Meist zieht es die Touristen, die mit dem Dampfer ankommen, weiter nach Süden. Sie steigen in Stellwagen um, die sie weiter ins Oberland bringen, etwa nach Oberammergau. Neben den gedrungenen Fischerhäusern entstehen nur wenige Villen von Bedeutung, darunter 1874 am damaligen Ortsrand das Landhaus des großen Münchner Hygienikers Max von Pettenkofer (St. Heinricher Straße 45). Der Professor für chemische Medizin widmet sich hauptsächlich der Bekämpfung der Cholera und setzt die erste Kanalisation für die Landeshauptstadt durch. Heute dient das Haus, das unter Denkmalschutz steht und in dem noch ein Raum an Pettenkofers Zeit erinnert, der Anwaltskammer am Oberlandesgericht München als Sommersitz.

Auf den Fahrten zu seinen Schlössern nimmt König Ludwig II. regelmäßig Quartier im »Königszimmer« der Post. Auf schicksalhafte Weise sollte das Hotel mit seinem Tod verbunden sein. Am 12. Juni 1886 erreicht die Kutsche mit dem königlichen »Gefangenen« auf der Fahrt von Schloss Neuschwanstein nach Berg gegen zehn Uhr vormittags Seeshaupt. Während die Pferde ein letztes Mal gewechselt werden, winkt der Monarch die abseits stehende Posthalterin und Gastwirtin Anna Vogl heran und bittet um ein Glas Wasser. Als sie es reicht, soll der König gesagt haben: »Danke, danke, danke.« Doch in einem Ton, dass Anna Vogl in unaufhörliches Weinen ausbricht. Das Glas, aus dem der hohe Gast trank, soll sie bis an ihr Lebensende als Reliquie aufbewahrt haben, heißt es in der Chronik. Die Ankunft in Schloss Berg erfolgt um die Mittagszeit. Der nächste Tag, 13. Juni, sollte zum Todestag für den Monarchen werden.

Im Gedenken an diese Begebenheit wollten die Seeshaupter dem König ein Denkmal setzen. Zwölf Ochsen zogen deshalb einen neunhundert Zentner schweren Steinblock aus der Eiszeit von der Kiesgrube zum Hotel »Post«. Aus dem Denkmal ist nie etwas geworden, aber der Findling ist noch heute im Park des Hotels zu bewundern.

Bis zum Ausbruch des Ersten Weltkrieges ist der Ort ein Dorado für Sommerfrischler. An schönen warmen Tagen fühlt sich der Besucher auf der Post-Terrasse an die italienische Riviera versetzt. Rasso Vogl bewirtet seine Gäste, darunter Prinz Alfons von Bayern und die Herzogin von Genua, mit Renke, Hecht »blau«, Rehrücken und feinen Nachspeisen. Nach dem Krieg bleiben die feinen Herrschaften aus. Dafür wird um so mehr gefeiert. Der

»Ankunft in Seeshaupt«, hat Carl Spitzweg sein Gemälde genannt. Es hängt im Museum Georg Schäfer in Schweinfurt.

Postsaal, um die Jahrhundertwende im Jugendstil erbaut, erlebt rauschende Ballnächte. Im Zweiten Weltkrieg wird das Anwesen beschlagnahmt. Die Technische Hochschule München verlagert ein Flugforschungsinstitut nach Seeshaupt. Im Saal richtet eine Schuhgroßhandlung ihr Ausweichlager ein. Zu allem Überfluss verschanzt sich am 29. April 1945 ein SS-Trupp im Hotel, um das »Tausendjährige Reich« vor den anrückenden Amerikanern zu verteidigen. Hotelier Vogl kann das sinnlose Blutvergießen gerade noch verhindern. Er wird aber von den Amerikanern irrtümlicherweise verdächtigt und beinahe hingerichtet.

Hunderte befreiter KZ-Häftlinge finden im Hotel eine erste Bleibe in Freiheit. In den letzten Kriegstagen bleibt wegen Bombardements ein Zug mit 2000 KZ-Häftlingen in Seeshaupt stehen. Der Lok-Führer macht sich aus dem Staub. So werden die Seeshaupter unmittelbar mit den Gräueltaten der Nazis konfrontiert. Im Hotel Post dienen den ausgemergelten Menschen Vorhänge und Tischdecken als erste »Kleidung«. Ein Mahnmal in der Bahnhofstraße erinnert an das Schicksal der Häftlinge. Die Post ist auch Seuchenlazarett sowie Kino und Tanzpalast für die GI's, bevor die Vogls mit dem Renovieren beginnen können. Am 1. Mai 1949 wird das Hotel, wenn auch in bescheidenem Ausmaß, wiedereröffnet.

Die »Post« überstand den großen Brand von 1815, dem in Seeshaupt 29 Häuser zum Opfer fielen. Sie verkraftete die Explosion eines Gasballons in der Tenne, den Telegraphensoldaten 1909 dorthin mitgenommen hatten und auch das Feuer, das 1944 Kinder aus Versehen in der Tenne entfacht hatten. Erst die unzähligen Pächterwechsel in den vergangenen Jahrzehnten besiegelten das Schicksal des altehrwürdigen Hauses. Es wurde versäumt, die Einrichtung den Bedürfnissen des modernen Tourismus anzupassen.

Die »Taverne zu Seeshoibit«, wie die Post in einer Urkunde aus dem Jahr 1499 hieß, musste 1992 einem neuen Gebäudekomplex weichen, der »Seeresidenz Alte Post«. In dem Haus verbringen Senioren ihren Lebensabend. Aber auch Gäste von außen dürfen Hotel und Gastronomie nutzen. Dank des Engagements einer Bürgerinitiative blieb zumindest der historische Saal erhalten. Von der Terrasse bietet sich wie ehedem ein herrlicher Blick über den See bis nach Starnberg. Man schaut hinunter auf den Dampfersteg. Noch immer kommen hier Passagiere an, auch wenn es im Zeitalter des Automobils nicht mehr so viele sind wie auf Carl Spitzwegs Gemälde.

Von Seeshaupt nach St. Heinrich

Schräg gegenüber der Einfahrt zum Seerestaurant liegt ein arg ramponiertes Gebäude – die alte Mühle von Seeshaupt. Es soll jene alte Mühle sein, die bereits Westenrieder in seiner Beschreibung des Würm- oder Starnberger Sees von 1784 nennt. Dahinter tut sich eine idyllische Weiherlandschaft auf, die man hier so nah an der stark befahrenen Straße gar nicht erwartet. Am Ortsausgang von Seeshaupt beginnt ein geteerter Radlweg und wir können die besonders am Wochenende stark befahrene Hauptstraße verlassen. Die Hälfte der Tour um den See ist nun geschafft. Wer Lust auf eine Brotzeit verspürt, sollte kurz nach dem Ortsschild dem leicht zu übersehenden Schild »Fischlehrpfad« nach links folgen. Tafeln informieren dort über die im See vorkommenden Fischarten. Der Weg weitet sich nach wenigen Metern zu einem weiten Wiesengelände direkt am Ufer, auf dem viele Bäume Schatten spenden. Hier, wo der Schilfgürtel beginnt, mittlerweile leider eine Seltenheit, geht der Blick weit über den See. Wer genau beobachtet, kann die Erdkrümmung des 19,9 Kilometer langen Starnberger Sees erkennen. Die Seemitte (584 Meter über dem Meeresspiegel) liegt um fünf Meter höher als jeweils die beiden Enden. Gebäude in Starnberg wären also beim Blick über die Wasserlinie erst sichtbar, wenn sie in 30 Meter Höhe liegen würden, schreibt der Heimatkundler Roland Gröber in seinem Buch »Grüße vom Starnberger See«. Starke Temperaturunterschiede führen zu reizvollen optischen Effekten. Entweder lassen sich an klaren Tagen die Umrisse von Starnberg nur erahnen, oder aber das Ufer von Bernried oder Seeshaupt ragt, von Starnberg aus gesehen, unwirklich hoch auf.

Die Abnahme des Leichnams Christi vom Kreuz, flankiert von Engeln, bildet die Spitze des Hochaltars in der Kirche von St. Heinrich.

Je näher wir St. Heinrich kommen, um so schmaler wird der Weg. Jetzt sind kurze Schlammpassagen zu bewältigen und es gilt, den aus dem Schilfgürtel hervorstehenden Ästen auszuweichen. Kurz vor der Ortseinfahrt lauert die nächste Gefahrenstelle. Der Radweg lässt die Radler im Stich, indem er unversehens zu einem engen Gehsteig mutiert. Bei dem an schönen Sommertagen üblichen dichten Autoverkehr auf der Straße müssen sich die ebenfalls zahlreichen Radler den schmalen Gehsteig teilen. Nervenkitzel ist hier garantiert. Diejenigen, die bis jetzt durchgehalten haben, werden sich die alten Bauernhäuser des kleinen Fischerdorfes lieber durch ein kühles Bier anschauen. Möglichkeiten dazu gibt es bei der »Fischerrosl« gleich an der Abzweigung zur Autobahn nach Garmisch. Der Name des Fischerdorfes soll übrigens vom Andechser Grafen Heinrich stammen, der sich im 13. Jahrhundert als Eremit hier niedergelassen hatte. Es gibt die Wallfahrtskirche Maria Himmelfahrt zu besichtigen, deren Grundmauern aus dem Jahre 1324 stammen sollen.

Wer war der selige Heinrich?

Die Herkunft des frommen Eremiten ist noch immer ungewiss / Von Sabine Bader

Das weiße Tor quietscht, so als müsse es den Besucher ankündigen. Der erfährt gleich an der Kirchenpforte, dass es hier von ungebetenen Gästen offenbar nur so wimmelt. »Die Tür bitte unbedingt schließen wegen der Schwalben«, heißt es dort auf einem Zettel. Eine von ihnen hat sich kürzlich sogar ein Nest in der Krone des bayerischen Wappens gebaut, das zwischen Kirchenschiff und Altarraum prangt. Das erste allerdings, was dem Betrachter ins Auge fällt, ist die Dimension

Früher zogen die Pilger bis aus dem Dachauer Land nach St. Heinrich.
Waren die Gebete verrichtet, kehrten sie im nahen Gasthaus ein.

des Gotteshauses. Es ist es viel zu groß für den kleinen Friedhof und die Ortschaft. Schließlich zählt St. Heinrich nicht
einmal 130 Einwohner. Doch Maria Himmelfahrt hat andere
Zeiten gesehen, bessere. Das Gotteshaus mit seiner korallen-
bestückten Marien-Grotte zur Linken des Portals war einmal
Wallfahrtsort. Bis aus dem Dachauer Land kamen die Pilger
im 16., 17. und 18. Jahrhundert, angezogen von der Gottes-
mutter und der Legende des seligen Heinrichs. Im 12. Jahrhundert, als der Wald noch bis zum Ufer des Starnberger Sees
reichte, hat sich der Einsiedler Heinrich hier eine hölzerne Kapelle gebaut. Er war der erste Bewohner des Ortes, gab ihm
seinen Namen. Anfang des 14. Jahrhunderts entstand eine
steinerne Kirche. Bis heute hält sich die Deutung, dass der
fromme Eremit ein Graf des Hauses Andechs war. Ein Vetter
des heiligen Rasso, der, von einer Kreuzfahrt heimgekehrt,

seinen Bruder als Erben und seine Braut in den Armen eines anderen vorgefunden hatte. Bitter enttäuscht soll Heinrich sich entschlossen haben, fortan sein Leben als frommer Mann und Eremit zu verbringen. Andere behaupten, dass ihn die schrecklichen Erlebnisse des Krieges in die Einsiedelei trieben.

Für die These, dass Heinrich ein Spross der Grafen von Dießen-Andechs war, spricht die großzügige finanzielle Unterstützung, welche die bayerischen Herzöge dem Wallfahrtsort über Jahrhunderte angedeihen ließen: darunter fällt die Befreiung von Frondiensten, Steuern und Abgaben sowie die Erlaubnis, im ganzen Land für das Kirchlein zu sammeln. 1480 stiftete Herzog Albrecht IV. der Kirche eine tägliche Messe, und laut den Büchern spendierten die Wittelsbacher bis zur Säkularisation jährlich sogar einen Zentner Talg für das Ewige Licht. Die Betreuung der Wallfahrt übernahmen die Augustiner-Chorherren von Beuerberg. Viermal pro Woche musste einer von ihnen den langen und beschwerlichen Weg zum Gottesdienst nach St. Heinrich auf sich nehmen. Bei besonders feierlichen Anlässen reichten die Verkaufsstände bis hin zum Wald. Später verringerte man die Zahl der Messen auf zwei pro Woche. Von 1803 an ließ die Wallfahrt nach. Nur noch an besonderen Tagen pilgerten die Gläubigen zum seligen Heinrich. Unter der Empore der Orgel befindet sich sein Grabmal. Die ehemalige Deckplatte des Sarkophages aus dem Jahr 1626 zeigt eine grob gehauene Reliefdarstellung des Eremiten. Darauf ist er in Einsiedlerkleidung zu sehen, die Arme auf der Brust gekreuzt, in der linken Hand einen Rosenkranz und in der rechten ein Kreuz.

Ihren schwärzesten Tag erlebt die Wallfahrtskirche im Sommer 1902. Um die Mittagszeit des 27. Juli tobt ein schweres Gewitter über St. Heinrich. Ein Blitz schlägt ein. Das Kirchenschiff wird ein Raub der Flammen, der Altarraum aber bleibt nahezu unver-

Wie die Panduren im See versanken

Wegen ihrer roten Umhänge gab man ihnen den Beinamen »Rotmäntler« oder »Rote Kapuziner«. Doch friedlich wie Mönche waren sie keineswegs: die Panduren, ursprünglich bewaffnete ungarische Leibwächter von Edelleuten. Sie trugen türkische Flinten und Säbel. Auf einem ihrer Beutezüge durchstreiften sie um das Jahr 1710 auch das Gebiet um den Starnberger See. Es war Winter und so wollten sie den zugefrorenen See bei St. Heinrich überqueren, um nach Bernried zu gelangen. Dort allerdings kamen sie nie an. Denn der Sage nach soll sie ein Fischerbub in der Seeshaupter Bucht auf brüchiges Eis gelockt haben. Pferde und Reiter brachen ein und versanken im eiskalten Wasser – mit ihnen starb auch der Fischerbub. Noch bis vor 100 Jahren feierten die Bernrieder seine Heldentat, die ihren Ort vor der brandschatzenden Horde bewahrt hatte.

Im Jahr 2001 hat ein Unterwasserforscher in einem Mini-U-Boot die Abwasserleitung auf Schäden untersucht. Auf dem schlammigen Seegrund entdeckte er zwar die Rohre, nicht aber die Panduren – bislang zumindest.

sehrt: Ein gespenstischer Anblick, den einige Dorfbewohner im Nachhinein als Prophezeiung für die nahenden Weltkriege deuten – als Sinnbild dafür, dass sich die Reihen der Gläubigen im Kirchenschiff von Jahr zu Jahr mehr lichten und einzig der Glaube – symbolisiert durch Hochaltar und Chorraum – Trost spendet. Streng nach dem historischen Vorbild werden der zerstörte Turm und das Langhausgewölbe wieder aufgebaut. Am 23. Juli 1905 findet die erneute Weihe statt. Doch die große Zeit der Wallfahrten ist vorüber. Seit 2000 kümmert sich wieder eine Mesnerin um das Gotteshaus, sperrt es an schönen Tagen morgens für Besucher auf und abends zu. Zuvor war es 15 Jahre lang geschlossen.

Von St. Heinrich nach Ambach

Wir fahren weiter an Segelschule und Campingplatz vorbei durch ein Gehölz in Richtung »Kleines Seehaus«. Wer sich spätestens jetzt mit einer schmackhaften Fischmahlzeit belohnen will, ist hier richtig, muss aber auch entsprechend in die Tasche greifen. Sparsamere Radler gehen in den Biergarten hinter dem Restaurant, in dem man auch seine mitgebrachte Brotzeit verzehren darf. Hinter St. Heinrich macht der neue Ostufer-Radlweg und der Blick hinüber nach Bernried die Fahrt wieder zum Vergnügen. Der Weg mündet nach ein paar sehr unübersichtlichen Kurven in das Erholungsgelände Ambach. Der Buchscharner Seewirt mit seiner einladenden Terrasse ist eine weitere Herausforderung für den »inneren Schweinehund«. Hier, an der Ostseite des Sees, wo es seicht und langsam ins Wasser geht, wärmt die Sonne auch an Spätsommertagen noch bis in den Abend. Besonders gut zu genießen sind auf dieser Seeseite die Sonnenuntergänge. Anfangs ist der Weg, der entlang weiter Liegewiesen verläuft, gekiest; später dann, ab der Rettungsstation Schwaibelbach, fährt es sich auf dem Teerbelag leichter. Wir passieren einen zweiten Campingplatz, der mit seinen liebevoll gepflegten Vorgärtchen und Lauben mehr einer Wochenend-Siedlung gleicht.

Im angenehmen Schatten der Alleebäume erreichen wir innerhalb einer Viertelstunde ohne große Anstrengung Ambach, die kleine Steigung nach dem Erholungsgelände einmal ausgenommen. Jetzt heißt es Augen auf: denn vielleicht kann man einen Schriftsteller oder einen Schauspieler beim Bier entdecken. Im Gasthof zum Fischmeister am Dampfersteg, kurz »Bierbichler«, geben sich Münchner Literaten, Fernsehleute und andere wich-

Das Radlteam auf einer seiner zahlreichen Touren rund um den Starnberger See: Sabine Bader und Manfred Hummel.

tige Menschen ein Stelldichein. In dem mächtigen, zweistöckigen Wirtshaus wohnt der Schauspieler Sepp Bierbichler, mehrere Jahre war im zweiten Stock auch der Autor und Filmemacher Herbert Achternbusch zu Hause.

Im Vergleich zum dicht bebauten Westufer mit seinem S-Bahn-Anschluss hat sich das Ostufer über weite Strecken seine Ländlichkeit bewahrt, zumindest unter der Woche. Was Achternbusch einmal sein »Ambacher Exil« nannte, weil es nach der Abfahrt des Dampfers wieder ruhig und einsam wurde, ist am Wochenende längst dahin.

Jeder bleibt in Ambach vor dem großen Holztor mit ungarischen Aufschriften stehen, um dessen Herkunft und Bedeutung zu ergründen.

Da muss der Radler Obacht geben, dass er nicht von einer allradgetriebenen Luxuskarosse überrollt wird. Auf der eigentlich für auswärtige Fahrzeuge gesperrten Seestraße geht es zu wie am Stachus.

Nach dem »Kleinen Kiosk«, wo sich abseits des Getriebes beim Bierbichler ein Espresso oder mehr genießen lässt, fällt uns rechts vor dem Ambacher Kircherl ein prächtig bemaltes und geschnitztes Holztor auf. Das »Székler Tor« bildet die Einfahrt zu einer im rückwärtigen Teil des Grundstücks liegenden Villa. Gyula Benczúr aus Budapest, Professor an der Münchner Kunstakademie, ließ sie errichten. Das Tor, dass er 1894 zerlegt aus Siebenbürgen, dem damaligen Österreich-Ungarn, herbei transportieren ließ, sollte an seine zweite Frau Piroschka erinnern. 1919 erwarb die Villa der bekannte Schriftsteller Waldemar Bonsels, Schöpfer der Biene Maja. (Besichtigung nach Vereinbarung unter: wbonsels@googlemail.com)

Wo der Weltenbummler eine Heimat fand

Der Schriftsteller Waldemar Bonsels erfand die »Biene Maja«, und avancierte zum Bestsellerautor / Von Sabine Bader

Angefangen hat alles im Garten hinter dem geschnitzten ungarischen Holztor, vermutlich unter den großen schattigen Bäumen. Dort sitzt im Jahr 1919 der Schriftsteller Waldemar Bonsels. Lange lässt er Landschaft, Wiesen, Himmel und See auf sich wirken. Dann kauft er das Haus, ohne sich die Räume auch nur angesehen zu haben. Eine Entscheidung, die Bonsels nie bereut, denn die 1885 erbaute Villa wird dem unsteten Weltenbummler zur Heimat. Hier stirbt er auch, mehr als 30 Jahre später, in den frühen Abendstunden des 31. Juli 1952. Im Garten, dem er sich so verbunden fühlte, ist seine Urne beigesetzt – im Schatten eines stattlichen, alten Baumes. »Wir sind aus der Freude geboren und kehren zu ihr zurück«, steht auf seinem verwitterten Grabstein. Der Satz entstammt Bonsels' Buch »Himmelsvolk«, das von einem Blumenelf handelt, der es über der Beobachtung der Menschen versäumt, rechtzeitig vor Sonnenaufgang in sein Reich zurückzukehren.

Die Vertreterin eines anderen Himmelsvolks ist es, die Bonsels zu Weltruhm verhilft: die Biene Maja. 1911 erscheint die erste Auflage. Seither begleitet die humorvoll-ironische Abenteuergeschichte der kleinen Biene, die kritisch und erstaunt das Verhalten ihrer Mitbewohner auf Erden entdeckt, Generationen Kinder und Erwachsener. Die Maja erreicht unzählige Auflagen, wird in rund 50 Sprachen übersetzt und mehrfach verfilmt. So sehr sich Bonsels über den Erfolg freut, so aufrichtig bedauert er auch, dass darüber Bücher, die ihm wichtiger sind, in den Hintergrund geraten. Besonders die Auseinandersetzung mit Gott wird in seinem umfangreichen Werk zum zentralen Thema. Es geht ihm dabei nicht um die dogmatische Lehre, um Frömmelei, sondern vielmehr um die Frage der menschlichen Religiosität. So setzt er sich bereits im Konfirmandenunterricht lausbubenhaft über den Geistlichen und seine Ansprüche hinweg. »Um den gutmütigen und ziemlich beschränkten Pfarrer auf keinen Fall zu kränken, nahm ich meinen Karl-May-Band nicht im Urzustand mit in die Bibelstunde. Ich überklebte den Einband sorgfältig mit schwarzem Papier, sogar die Ränder, und vergoldete den oberen Schnitt mit Goldstaub und Lack, wie man ihn zu Weihnachten für Nüsse und Tannenzapfen braucht«, schreibt er später über den frommen Betrug, der natürlich auffliegt. Überhaupt wird es dem jungen Waldemar, Jahrgang 1880, bald zu eng in seinem Elternhaus. Nach der Schulzeit in Lübeck »steckte man mich in allerlei Lehren, denen ich die Geschicklichkeit verdanke, mich rechtzeitig von jeder Arbeit fernzuhalten, die meiner Veranlagung und Bestimmung nicht liegt«, schreibt er. »Diese Betrachtung von Pflicht und Recht brachte mich in ernstlichen Konflikt mit meinem Vater, der meine bürgerlichen Untugenden in viel zu hohem Maße selbst besaß, um sie nicht aufgeregt bei anderen zu unterdrücken, dass ich über Nacht sein Haus verließ, mich mit siebzehn Jahren ein für allemal unabhängig von ihm machte und mich auf die Wanderschaft begab.«

Bonsels bereist etliche Länder Europas, sein Weg führt ihn durch »Spelunken, Gassen und Gärten, bürgerliche Häuser und Schlösser« und gut zwei Jahrzehnte später sogar nach Brasilien

Die »Biene Maja« verhalf ihrem Erfinder Waldemar Bonsels zu Weltruhm. 1911 erscheint die erste Auflage.

und Ägypten. Zuvor lässt er sich in England zum Missionskaufmann ausbilden und macht sich 1903 auf den Weg nach Südindien. Doch ihm missfallen die Arbeitsmethoden der Mission und er kehrt zurück. 1904 gründet er mit Freunden den Verlag E. W. Bonsels und Co. in Schwabing. Schon bald zählt der wesentlich ältere Heinrich Mann zu seinen guten Bekannten und Beratern. Auch Thomas Mann überlässt dem Verlag kleinere Arbeiten. Im Laufe des Münchener Jahrzehnts ändern sich auch Bonsels private Lebensumstände. Die 1904 geschlossene Ehe mit Kläre Brandenburg wird drei Jahre später geschieden, die beiden Kinder Bernd Holger und Frank Lothar bleiben bei der Mutter. Bonsels wendet sich seiner Jugendfreundin Elise Ostermeyer zu und heiratet sie 1909. Kurz darauf werden die Söhne Nils und Hans geboren. Der Ausbruch des Ersten Weltkrieges beendet jäh sein künstlerisches Schaffen. Er wird Soldat und als Kriegsberichterstatter der kaiserlichen deutschen Südarmee nach Galizien geschickt.

Nach Kriegsende hat er den Drang, fern der Großstadt ungestört zu arbeiten. Die holländische Übersetzerin seiner Bücher findet die Villa in Ambach für ihn. In den Folgejahren entstehen Aphorismen, Gedichtbände, Bühnenstücke, zahlreiche Romane und Erzählungen. Hier verfasst er auch die Mario-Trilogie, die zu den meistgelesenen Jugendbüchern jener Zeit zählt. Die Ambacher Landschaft bildet dabei den Hintergrund des Geschehens. Wohl angeregt durch seinen kleinen Sohn Kay, durchlebt Bonsels seine eigenen Kindertage erneut, in denen er immer auf der Suche war nach dem beständigen Wert der Dinge. Im Kapitel »Mia Stern« wird auch die Geschichte eines jüdischen Mädchens erzählt. Als er es an einem Vortragsabend liest, randaliert eine Gruppe von SA-Leuten; er lässt sie aus dem Saal weisen. Später nehmen die Nazis den Vorfall zum Anlass, seine Bücher vorübergehend zu verbieten.

Wo im Haus sein Arbeitszimmer war, weiß heute niemand mehr. Seit dem Tod seiner dritten Frau Rose-Marie im Jahr 1992 ist das Gebäude vermietet, derzeit an einen Unternehmer, der mit Handy-Klingeltönen sein Geld gemacht hat. Bonsels literarischer Nachlass ist im Literaturarchiv Monacensia in München untergebacht. Möbel und Pretiosen befinden sich im Stadtmuseum. Villa und Werk verwaltet die Waldemar-Bonsels-Stiftung, die seine Ehefrau am 25. Todestag des Dichters gegründet hat.

Nur wenige Gegenstände, an denen sein Herz hing, sind neben Erstausgaben und Übersetzungen in Ambach geblieben. Dazu zählen eine Statue der heiligen Anna, ein Buddha-Kopf aus einem Tempel Asiens, ein Schachspiel und eine Geige. In einem Zimmerchen im Parterre des Hauses überdauern sie die Zeiten: keine anheimelnde und doch eine ganz eigene Welt. Bonsels scheint jeden Augenblick hereinzukommen, um den Besucher freundlich zu fragen, für welches seiner Bücher er sich besonders interessiere, dann das gewünschte Exemplar aus den raumhohen Regalen zu ziehen, den Staub abzupusten und versonnen darin zu blättern. Ist der Gast gegangen, würde der Dichter vermutlich an seinen Schreibtisch zurückkehren und sich in ein unfertiges Manuskript vertiefen – zufrieden über die kleine Wertschätzung. Gemäß der frei übersetzten Inschrift, die Hausherr Gyula Benczúr seinerzeit in das bunte Holztor am Eingang des Gartens schnitzen ließ: »Wenn du ein guter Mensch bist, so komm herein, wenn du das nicht bist, so geh weiter.«

Meister der Gitarre und der Feder

Der Musiker und Schriftsteller Anatol Regnier lebt mal in Ambach, mal in München / Von Sabine Bader

Das Foto an der Wand zeigt die Liesl, mit vollem Namen Elisabeth Sommer, die Brosi-Bäuerin. Eine Momentaufnahme. In Alltagskleidung steht sie in ihrer Küche, stolz, völlig schnörkellos. Eine Persönlichkeit. Es ist nur eine Schwarz-Weiß-Fotographie, die da in der hellen Dachgeschosswohnung hängt. Doch für Anatol Regnier ist sie bedeutend. Ohne die Liesl wäre er jetzt wohl nicht mehr hier. Sie hat ihm kurz vor ihrem Tod im Jahr 2000 das zuvor über Jahrzehnte gemietete Häuschen am See vermacht und ihm so das erhalten, was man landläufig Heimat oder hochgestochener »Wurzeln« nennt. »In Ambach kenne ich jeden Stein und jeden Baum, alle Geschichten, hier sind meine Freundschaften.« Dabei ist der Gitarrist und Schriftsteller ziemlich viel herumgekommen: Er hat in Israel gelebt, wanderte 1985 mit seiner Frau, der israelischen Sängerin Nehama Hendel, und den beiden Kindern nach Australien aus.

Heute lebt er halb in München, halb am Starnberger See. Für ihn ist das »ein wunderbarer Zustand«. Denn er mag ihn sehr, »diesen Wechsel zwischen Stadt und Land«. Das hat Familientradition. Sein Vater, der Schauspieler Charles Regnier, hielt es mehr als 20 Jahre lang so: Zwischen Tourneen und Engagements suchte er stets die Ruhe in Ambach. Seine Frau, die Schauspielerin Pamela Wedekind, Tochter von Tilly und Frank Wedekind, lebte in ihren späteren Jahren sogar ganz hier – nicht in dem kleinen ehemaligen Bauernhaus, das heute ihr Sohn bewohnt, sondern in der Dachgeschosswohnung des großen Brosi-Hofs auf demselben Grundstück. Dort übersetzte sie französische Bücher und Theaterstücke. Auch die Parkinsonsche Krankheit hinderte sie nicht daran, den selbst auferlegten strengen Zeitplan einzuhalten. In jener Dachwohnung starb sie im April 1986.

Anatol Regnier, Meister des klassischen Gitarrenspiels, hat sein zweites großes Talent entdeckt, das Schreiben.

Ambach ist bereits das zweite Domizil der Familie Regnier am See. Das erste heißt Malvenhaus und steht einige Kilometer entfernt in St. Heinrich. Dort kommt Anatol 1945 als zweites von drei Kindern zur Welt. Heute bewohnt es der Filmschauspieler Heiner Lauterbach. Die ersten Griffe auf der Gitarre lernt Anatol schon früh von seiner Mutter: Sie singt Wedekind-Lieder, der Sohn darf sie begleiten. So erwacht in ihm der Traum, ein Meister dieses Instruments zu werden. Am Royal College of Music in London studiert er Gitarre, wird Dozent am Konservatorium in München, gibt 30 Jahre lang Konzerte im In- und Ausland. Rückblickend beschreibt er diese Zeit als dauerhaften Kampf. »Ein Gitarrist lebt in ständiger Frustration, weil es unmöglich ist, dieses Instrument zu beherrschen. Nur ganz wenigen Leuten gelingt es – vielleicht einer handvoll.« Dass Anatol Regnier wohl nie zu ihnen gehören wird, kratzt heute nicht mehr an seinem Selbstbewusstsein. Denn die Gitarre wird, wie er hofft, »spirituelles Element« seines Lebens bleiben, ihn bereichern und weiterhin herausfordern. »Und wer weiß«, sagt er, »vielleicht bin ich in meinen guten Momenten doch einer von denen, die sie ziemlich makellos spielen können.« Trotzdem hat Regnier längst sein zweites Talent entdeckt: das Schreiben. »Da kann man Fehler wenigstens verbessern.« Im Gegensatz zu einem Konzert: Jeden Griff daneben – und sei es ein Zehntel Millimeter – hört das Publikum. 1997, ein Jahr vor dem Tod seiner Frau Nehama, erscheint sein erstes Buch »Damals in Bolechow« Es schildert eindrucksvoll das Schicksal der jüdischen Familie Grünschlag, die den Holocaust überlebte – verborgen in einem Erdloch im Wald. 2003 folgt sein zweites Werk: »Du auf deinem höchsten Dach«. Es ist eine Familienbiografie, in deren Mittelpunkt seine Großmutter Tilly Wedekind mit ihren Töchtern Pamela und Kadidja steht. Gerade schreibt Anatol Regnier an einer Biographie über Großvater Frank Wedekind. Mit seiner zweiten Frau Anja lebt er heute halb in München, halb in Ambach, ganz wie er es liebt, singt Chansons, veranstaltet Lesungen, Gedicht- und Kabarettabende. Mit dabei ist noch immer die Gitarre. Aber er spielt sie heute, sagte er, »mit viel mehr Freude und auch besser als früher«.

»Der Himmel kennt zwei Hangzhou«

Wie der Starnberger See nach China kam – Der Autor Tilman Spengler und die Ambacher Künstlerkolonie

Als wir gehen, läuft die CD mit klassischer Musik weiter. Tilman Spengler findet es nicht in Ordnung, die Interpreten erst für sich spielen zu lassen und dann mittendrin abzuwürgen. Wie bei fast allen Mitgliedern der Ambacher Gesellschaft war es auch bei Spengler schwierig, einen Termin hinzubekommen. Trotz der Gemütlichkeit und Sesshaftigkeit, die sein Körperumfang vermittelt, scheint der Autor, Filmemacher, Journalist und Mitherausgeber des »Kursbuchs« offenbar rastlos unterwegs zu sein. Hier eine Lesung aus seinen Romanen »Lenins Hirn« oder »Wenn Männer sich verheben«, dort ein paar Redemanuskripte des studierten Sinologen für die nächste China-Reise eines Staatslenkers, dazwischen Interviews und ein Nachruf auf seinen Lehrer Carl Friedrich von Weizsäcker. In dessen Starnberger Max-Planck-Institut zur Erforschung der Lebensbedingungen der wissenschaftlich-technischen Welt hat der Historiker Spengler mehrere Jahre lang geforscht, etwa, welche Wissensaussagen jenseits aller Kulturen wahr sind. Es bedarf mehrerer Anrufe auf dem »Straßentelefon«, bis wir uns verabreden. Als Ort für das Gespräch wählen wir nicht das verwunschene Haus im Wald hoch über dem See, unter dessen Dach sich in einem herrlich großen Raum die Bücherregale Konkurrenz machen, sondern einen beschaulichen Biergarten bei Seeshaupt.

Kurzes Schweigen. Unser Gegenüber scheint von dem Nachruf noch ziemlich mitgenommen zu sein. Es sei doch etwas anderes, unter dem Druck der Tagesaktualität zu schreiben, gibt Spengler zu. Vielleicht kurbelt das Stichwort »See« unser Gespräch an. Seit 1974 wohnt er an dessen Ufern, zunächst in Feldafing, dann in Ambach. Trotz vieler verlockender Angebote hat er es »geschafft, nie wegzugehen«. »Ich merke, welches Glück einen erfüllt, wenn man abbiegt von der Autobahn Richtung Münsing.« Die Zirkel der Ambacher Künstler, Schriftsteller und Maler hätten etwas angenehm Informelles, es sei eine Gemeinschaft auf Zuruf. Ganz im Gegensatz zur Berliner Gesellschaft, in der man nicht ohne weiteres so leger im Biergarten sitzen könne.

In der hiesigen Tradition, die mit Oskar Maria Graf zusammenhängt, verspürt Spengler etwas Direktes, Anarchisches. Grafs Familie war arm, für sie war Dichtung und Poesie im Gegensatz zu den Reichen kein Luxus, »sondern eine Art kreatürlicher Schrei«.

Spengler hat diesen Moment des Unmittelbaren selbst erlebt: Als Pamela Wedekind beerdigt wird, ist auch der »Hansenbauer« dabei. Er hat sich mit einigen Schnäpsen getröstet und wäre fast in die Grube gefallen. »Das war heut ein wichtiger Tag für ihre Frau, beinah hätt' sie mich mitgerissen«, sagte er zum verdutzten Ehemann Charles Regnier. Auch der Ex-Ambacher Herbert Achternbusch habe sehr viel vom Anarchismus dieser Gegend.

Spengler, 1947 in Oberhausen geboren, findet Landstriche sympathisch, in denen es Leuten einen Schrecken einjagt, in einer Klatschpostille zu erscheinen. In der er dann aber selbst eine Ode auf seinen Freund, den Schauspieler Sepp Bierbichler, schreibt … Ob man es jedoch so halten muss wie der öffentlichkeitsscheue Autor des Bestsellers »Das Parfüm«, der dem Metzgermeister im Ort verboten hat, vor Kunden seinen Namen zu nennen, ist wieder eine andere Sache. Zu den angenehmen Leuten geselle sich der Zauber der Moränenlandschaft. Man nimmt sich selbst nicht so ernst, weil die Landschaft so erhaben ist. »Wieso soll das, was ich schreibe oder filme, besser sein als eine blühende Kastanie?«

Das Ostufer ist für ihn die künstlerische Seite des Sees, Starnberg die intellektuelle. Es ist kein Zufall, dass sich beide Seiten in Spenglers Romanen vermischen, die exakte Sprache der Wissenschaft mit der künstlerischen Freiheit der literarischen Erzählung. Sein Credo: »Die narrative Bewältigung eines Themas hat erkenntnistheoretisch mindestens denselben Rang wie die wissenschaftliche.« Vielfach hat Spengler den Starnberger See in seinen Romanen verarbeitet, auch kurzerhand mal nach China transferiert. »Wasser rauscht überall ziemlich gleich.« In China haben sie auch einen Starnberger See, nur dass die Seen von Hangzhou zusammen etwas größer sind, aber sonst ist die Landschaft dort durchaus vergleichbar. »Der Himmel kennt nur ein Hangzhou«, zitiert Spengler ein altes chinesisches Sprichwort und widerspricht sofort. »Das ist falsch. Der Himmel kennt zwei Hangzhou.«

Autor, Filmemacher, Journalist und Bonvivant: Tilman Spengler, Mitglied der Ambacher Künstler-Gemeinde.

Bei seinen Romanen und Filmen hatte Spengler mehrmals das, wie er sagt, »zweifelhafte Glück«, von der Realität wieder eingeholt – oder überholt zu werden. Als sein Erstling »Lenins Hirn« erscheint, tut ihm die Sowjetunion den Gefallen, zusammenzubrechen. Der Roman schildert das Schicksal eines Forschers, der das Hirn des großen Revolutionärs seziert, um einen Beweis für Genialität als solche zu finden. Man muss wissen, dass der Autor bei seinen Texten Realität mit Fiktion vermischt. Bei einer Lesung ist es Spengler dann passiert, dass eine ältere Dame in der ersten Reihe saß und nach dem Ende zu ihm sagte: »Der zweite Teil ist dummes Zeug, aber der erste war ganz richtig.« Wie sich herausstellte, war die Frau im wahren Leben die Assistentin der Hauptfigur. »Dabei hatte ich alles erfunden.« Wahrscheinlich, resümiert der Autor, überlagern sich Erinnerungen mit Stoffen der Bearbeitung. Ein Problem der »oral history«, der mündlichen Geschichtsüberlieferung.

Oder die eigenen Geschichten leben weiter. Vor fünf Jahren hat Spengler einen Film gedreht über die Ermordung der Familie Einstein. Einen Vetter des Erfinders der Relativitätstheorie hatte es nach Italien verschlagen, dort wurden seine Frau und seine Kinder von Trägern der deutschen Uniform umgebracht. Das war vor mehr als sechzig Jahren. Seit ein paar Wochen prüft die zuständige Staatsanwaltschaft, gegen die Täter zu ermitteln.

Und was hat von der Arbeit des Starnberger Max-Planck-Instituts die Zeiten überdauert, nachdem es mit der Emeritierung Weizsäckers geschlossen wurde? Eine beachtliche Menge, sagt Spengler. 30 Jahre vor der Globalisierung habe die Gruppe um Otto Kreye diesen Prozess bis ins Detail beschrieben. Die Dequalifikation von Arbeit, das Entstehen der Billiglohnländer, das Container-System und die unangemessen niedrigen Kosten für Übersee-Transporte. Die Gruppe um Horst Afheldt habe vorausgesagt, wie anfällig feste Verbände gegenüber Aktionen Aufständischer sind. Wie sehr das zutrifft, kann man heute noch jeden Abend anhand von Fernsehbildern aus dem Irak verfolgen. »Sehr kleinmütig« findet es Spengler heute, dass man das Institut damals unter Hinweis auf die Einzigartigkeit des pensionierten Direktors geschlossen habe. »Dabei sind die Fragestellungen nach wie vor brandaktuell, und ob man sie eher praktisch oder theoretisch bearbeitet, ein nachgeordnetes Problem.«

Er erzählt noch, dass Weizsäcker im Tischtennis gegen Habermas sehr zum Ärger des Philosophen der Frankfurter Schule unbedingt gewinnen wollte. Aber mittlerweile wird die Zeit knapp im lauschigen Biergarten.

Als er die Wohnungstür aufsperrt, geht die CD mit Mozart-Sonaten gerade zu Ende. Tilman Spengler bedankt sich beim Interpreten.

Von Ambach nach Ammerland

Nach gut einem Kilometer, vorbei an hohen Thujen-Hecken und an Aufschriften, die uns immer wieder verdeutlichen, dass die idyllischen Seeplätze nicht öffentlich sind, gabelt sich der Weg. Hier liegt das Landhotel-Restaurant Huber am See, bekannt durch seine guten Fischgerichte. Wir folgen dem Wegweiser nach Ammerland, wo auf der linken Seite unübersehbar ein Anwesen wie ein Traum aus Hollywoods Glamourtagen liegt: die Piloty-Villa, oder was von ihr übrig blieb. Die Straße heißt Seeleitn und auf der Höhe von Haus Seefried liegt eine öffentliche zugängliche Parzelle, die früher als Geheimtipp gehandelt wurde, wenn die Erholungsgebiete Ambach oder Ammerland überfüllt waren. Genauso leicht zu übersehen ist der Zugang neben dem Segelclub Ambach. Hier können Spaziergänger oder müde Radler auf Bänken ein wenig ihre Bizeps ausschütteln. Für baugeschichtlich Interessierte ist die folgende Wegstrecke ein Augenschmaus. Majestätisch am Hang gelegen, reiht sich eine hochherrschaftliche Villa an die andere. Mit Türmen und Erkern bewehrt, künden sie von der Größe und gesellschaftlichen Bedeutung ihrer einstigen Eigentümer. Die stattlichste unter ihnen ist zweifellos die Villa Schwörer mit ihrem dominanten Turm. 1902 wurde sie für den Hofrat Dr. Emil Schwörer gebaut, heute gehört sie der Familie Tretter. Wer lieber baden will, hat dazu an den langen Stränden nördlich von Seeheim Gelegenheit. Sie sind öffentlich zugänglich.

Der Wald wird nun dichter und der See verschwindet aus dem Blickfeld. Sollte es regnen, bietet das Blätterdach einen guten Schutz. Erst hinter der Abzweigung nach Holzhausen

Was gibt es Schöneres, als an einem sonnigen Sommertag im Biergarten des Hotels Sailer am See Brotzeit zu machen.

öffnet sich der Weg zum See hin. Jetzt kann man die kleinen Segelhäfen bewundern mit ihren Leuchttürmen und Kaimauern im Miniformat. Fest angekettet wie wilde Tiere liegen unter uns die Katamarane des Segelclubs Ammerland. Wir bewundern zwei riesige Kakadus aus Porzellan, die ein in weiß gehaltenes Teehaus aus der Gründerzeit bewachen. Der Park gehört zur Seutter-Villa. Gleich daneben verfällt die Villa, die einst Gabriel Max gehörte, immer mehr. Ihre Eigentümerin will sie abbrechen und durch Neubauten ersetzen. Die Behörden hindern sie jedoch daran unter Hinweis auf den Denkmalschutz.

Kurz vor Ammerland, unmittelbar hinter der Abzweigung nach Münsing, fällt eine Villa mit markantem Türmchen ins Auge. Es ist die älteste von Ammerland. Der Zeichner und Kupferstecher Johann Poppel ließ sie 1857 für die Sommerfrische noch aus Holz erbauen. 1868 kaufte Prinz Otto, der Bruder König Ludwigs II. das Haus und machte es Helene Schröder zum Geschenk. Die »Schöne Helena« war einer der Stars des neuen Gärtnerplatztheaters. Die Romanze war jedoch nur von kurzer Dauer. Nach mehreren Zwischenbesitzern erwarb der Stuttgarter Industrielle Albert Stotz die Villa und führte ein offenes Haus. Sein Freund Gottlieb Daimler entwarf ihm sogar ein eigenes Motorboot, das aber offenbar nicht gebaut wurde. Weitere Besitzer ließen das Haus erneut umbauen. Einige Jahre lang beherbergte es ein Antiquitätengeschäft, die »Ammerlander Spieldose«.

Ammerland ist nun erreicht, wir merken es am stärkeren Verkehr. Hier gibt es schon eine Busstation. Beim »Sailer« sollten sich Durstige im direkt am See gelegenen Biergarten erfrischen, denn gleich danach ist wieder eine kleine Steigung zu bewältigen. In der ein paar Meter weiter nach oben im Ort gelegenen Bäckerei Graf, einem mehr als hundert Jahre alten

Kramerladen, lassen sich die Vorräte für die nächsten Kilometer auffüllen. Hier sind auch kulinarische Accessoires wie Mostrich aus Straßburg, Essig aus Modena, Marmelade aus England und Hummerfonds für die anspruchsvolle Küche der Ostufer-Herrschaften zu haben.

Wir bleiben aber unten am See und erreichen das Pocci-Schloss, den Orientierungspunkt am mittleren Ostufer. Fürstbischof Albrecht Sigismund von Freising ließ es im 17. Jahrhundert errichten. Nach einer bewegten Geschichte schenkte es König Ludwig I. 1841 dem Obersthofmeister der Königin, Fabrizius Graf von Pocci. Der überließ es zwei Jahre später seinem Sohn, dem berühmten »Kasperlgrafen« Franz von Pocci (1807–1876), der das Barock- und Renaissance-Schloss mit den beiden charakteristischen Zwiebeltürmen zu einem künstlerischen Mittelpunkt machte. Zur illustren Gästeschar zählten Künstler wie Carl Spitzweg, Moritz von Schwind und Carl von Piloty. Eine Tafel an der Außenmauer der Hofkapelle erinnert an den Kasperlgrafen.

Bis 1956 hielt die Familie Pocci das Schloss in ihrem Besitz. Konrad, der letzte Graf Pocci, ein unkonventioneller Mensch, engagierte sich noch als Schiedsrichter auf dem Münsinger Fußballplatz und soll mit Gummistiefeln in die Oper gegangen sein. Dann wechselten die Eigentümer, das Anwesen verfiel, bis in den 1980er Jahren drei Privatleute die heruntergekommene Edelimmobilie erwarben und sie »unter laufender Beratung des Bayerischen Landesamtes für Denkmalpflege« für ihre Bedürfnisse umbauen ließen. Samt einem Neubau entstanden fürstliche Wohnungen. Neben Garatshausen und Berg gehört Ammerland »zu den wenigen Schlössern, die heute noch am See präsent sind und damit wie seit Jahrhunderten die Landschaft des Starnberger Sees prägen«, schreibt Kreisheimatpfleger Gerhard Schober.

Gräfin Pocci gibt sich die Ehre

Die Ur-Ur-Enkelin des Kasperlgrafen hat dem Familiensitz in Ammerland stets die Treue gehalten / Von Sabine Bader

»Ich bin ja froh, wenn ich ein klein bisserl Reklame für meinen Ur-Ur-Großvater machen kann«, sagt Felicitas Gräfin von Pocci-Schumacher und breitet etliche Postkarten auf dem kleinen Tischchen in ihrem Wohnzimmer aus: vorwiegend Landschaften, Bauernhäuser, Seeansichten und eben Schloss Ammerland. Sie stammen fast ausschließlich aus der Feder von Franz Graf von Pocci, dem Kasperlgrafen.

Nein, im Schloss selbst hat sie nie gewohnt. Ihre Großeltern lebten dort. Mit ihren vier Schwestern verbringt Felicitas ihre Kindheit in dem Haus, das noch heute zwischen der kleinen Kapelle und dem Schloss steht. Mit zehn Jahren allerdings muss sie fort, in die Klosterschule nach Garmisch-Partenkirchen. Damals ist wohl schon der Entschluss in ihr gereift: »Ich gehe nie von hier weg.« Und während sich die Familie später in alle Herrenländer zerstreut – eine Schwester wandert nach Neuseeland aus, eine andere nach Amerika – bleibt die 1935 geborene Felicitas als einzige dem

Macht gern Reklame für ihren Ur-Ur-Großvater: Felicitas Gräfin von Pocci-Schumacher.

Starnberger See treu. Ihr ganzes Berufsleben, 30 Jahre, hat sie im Forschungszentrum für Luft- und Raumfahrt in Oberpfaffenhofen gearbeitet. Sie lebt heute ein paar Häuser vom Schloss entfernt in einem kleinen Bungalow. An den Wänden hängen die Konterfeis zahlreicher Ahnen, historische Bücher stehen im alten Bücherschrank. Dicht an dicht reihen sich sorgsam drapierte Erbstücke, darunter auch einige Werke des Kasperlgrafen. Der Großteil seines Nachlasses, so erzählt sie, wird von ihrer Cousine Anna Maria, die bei Füssen lebt, verwaltet.

Die Poccis stammen ursprünglich aus dem Land, wo die Zitronen blühen – genauer aus der Stadt Viterbo an der Straße Florenz-Rom. Dass die Familie überhaupt auf die Idee kam, das mediterrane Klima ihrer italienischen Heimat gegen das sehr viel rauere in Bayern einzutauschen, ist einem besonderen Umstand geschuldet: Auf mysteriöse Weise waren auffallend viele männliche Nachkommen der Linie durch Unfälle ums Leben gekommen, und so werden Fabricius Graf von Pocci, der Vater des Kasperlgrafen, und sein Bruder von ihren Eltern fortgeschickt: Ein Akt der Verzweiflung, um das Leben der Söhne zu retten. In München finden die beiden jungen Männer eine neue Heimat. Dort wird am 7. März 1807 auch Stammhalter Franz geboren, der sich schon in seiner Kindheit und Jugend durch auffallend viele künstlerische Talente auszeichnet. Ein Novum in der Familie, wie seine Ur-Ur-Enkelin glaubt. Franz Graf von Pocci komponiert, schreibt, kann sehr gut zeichnen. Und er hat noch eine andere Fähigkeit: Er kann über sich und seine Umwelt lachen. So entstehen hintergründige Karikaturen und Spottbilder. Sie sind für ihn auch Ventil, um den Ärgernissen zu begegnen, die seine Ämter als Zeremonienmeister am Hof von König Ludwig I. und später als Hofmusikintendant und königlich-bayerischer Oberstkämmer mit sich bringen.

Das Pocci-Schloss in Ammerland ist ein Orientierungspunkt am Ostufer.
Hier logierten schon Carl Spitzweg und Moritz von Schwind.

Bekannt ist Pocci heute vorwiegend als Autor und Illustrator phantasievoller Kinderbücher und als Schöpfer des Casperl Larifari, der ihm den Namen »Kasperlgraf« eintrug und mit dem er Kinder, Erwachsene und wohl auch sich selbst gleichermaßen erfreut hat. Eine Kunstfigur ist dieser Casperl, der im Gegensatz zu anderen Kasperles mit »C« geschrieben wird und der Gesellschaft in seiner scheinbaren Naivität unverhohlen den Spiegel vorhält. Pocci ist ein absoluter Workaholic: Er verfasst 40 Stücke für Marionettentheater und schreibt zahlreiche Dramen; er zeichnet und malt mehr als 10000 Bilder und komponiert 600 Musikstücke – darunter Opern und Chorgesänge, aber auch Lieder wie »Wenn ich ein Vöglein wär«. In einem selbstkritischen Rückblick kommt er in späten Jahren zu dem Schluss, dass es wohl sinnvoller gewesen wäre, sich einem einzigen Talent zu widmen, statt sich in der Vielzahl zu verzetteln.

Seine Ur-Ur-Enkelin sieht dies freilich anders. Sie freut sich über jeden, der Interesse am vielseitigen Werk des Kasperlgrafen hat. In ihrer Kindheit, sagt sie, seien seine Arbeiten nie Thema gewesen. Erst als Erwachsene hat Felicitas Gräfin von Pocci-Schumacher sich dann eingehender damit beschäftigt, einige seiner Bücher gelesen. »Nicht alle natürlich, er hat ja so furchtbar viel geschrieben«, meint sie fast entschuldigend, während sie nach weiteren Postkarten sucht, um – auf ihre zurückhaltende Art – für den Ur-Ur-Großvater »ein klein bisserl Reklame« zu machen.

Loriot über die Schulter geschaut

Auch in seiner näheren Heimat entbehren Vicco von Bülows Auftritte nicht der gewohnten Komik

Am anderen Ende der Telephonleitung ist ein tiefer Seufzer zu hören. Eigentlich hat er ja gar keine Zeit für den Reporter. Ein Termin jagt den anderen. Aber weil er die nächsten Monate nicht da sein würde, lässt er sich breitschlagen. Wir sollen am nächsten Dienstag vorbeikommen. Da wären zwei Herren vom Diogenes-Verlag aus Zürich da, um mit ihm letzte Hand an das Buch zum Film zu legen. Titel: Ödipussi, 216 Seiten, mit vielen farbigen Photos. Wir dürfen zuhören und nebenbei unsere Fragen stellen. Das war vor nahezu 20 Jahren. Heutzutage ist Vicco von Bülow, alias Loriot, geboren 1923, noch schwerer zu erreichen. Deshalb bleibt nur der Blick ins Archiv. Der Karikaturist, Autor, Regisseur und Schauspieler, gehört zu den prominentesten Bewohnern des Starnberger Sees. »Grüß Gott in Ammerland«, steht auf einem Schild über dem Ortsplan am Dampfersteg. Sein Haus liegt nicht direkt am See. Die Straße führt bergan, es geht um ein paar Ecken herum und dann sind wir da. Die Villa ist im

pommerschen Landhausstil erbaut, wirkt vornehm und heime-
lig zugleich. Loriot selbst hat den Plan dazu entworfen. Den großen Garten benötigt er allein schon wegen der diversen Möpse.
»Ein Leben ohne Möpse ist möglich, aber sinnlos«, sagt er einmal. Seit Anfang der 60er Jahre lebt und arbeitet Loriot am
Starnberger See. Es ist sein Rückzugsgebiet, hier schöpft er nach
anstrengenden Engagements wieder Kraft. Seine Heimatgemeinde Münsing hat ihn zum Ehrenbürger ernannt. Obwohl er
sie in seinen komischen Szenen und Zeichentrickserien nie auf
den Arm nahm, entbehrten seine öffentlichen Äußerungen bei
lokalen Ereignissen nie der gewohnten Komik. So sagte er beispielsweise als Festredner am 5. Mai 1987 in Starnberg: »Wir
sind Zeugen eines Phänomens: Was uns noch vor kurzem fes-
selte – die Beziehung zwischen Ost und West etwa, ein Kapital-
verbrechen im Freundeskreis, das drohende Ende der Mensch-
heit und Ähnliches – es hat alles an Glanz verloren oder
erscheint doch seltsam blass vor dem Hintergrund eines Ereig-
nisses, das plötzlich und unerwartet eingetroffen ist: Starnberg
hat ein neues Landratsamt.« In diesem Stil ging es weiter, das
Publikum bog sich vor Lachen. Peinlich war Loriot der öffentliche Wirbel um seinen Badesteg, den er im Landratsamt bean-
tragt hatte und der – einer der ganz seltenen Fälle – auch geneh-
migt wurde. »Jetzt glaubt jeder, ich habe Kontakte zum
Landratsamt, hab' da was mit einer Sekretärin ….«

Loriot mag klassische Musik, insbesondere Wagner, aber auch
Bach, Beethoven, Brahms und – Blasmusik. Mitunter greift er
selbst zum Dirigentenstab, wenn die Blaskapellen von Holzhausen und Münsing aufspielen. Wie das zum 80. Geburtstag 2003
der Fall war. Im Mitteilungsblatt der Gemeinde stand danach
folgender Rapport: »Nach einem Ständchen der Musikkapelle
durfte sich der Jubilar auch noch selbst einen Marsch aussuchen.
Seine Wahl fiel auf den Bayerischen Defiliermarsch, den er, wie
schon viele Male, bravourös dirigierte.« Komik à la Loriot.

Mmpftatata, Mmpftatata: Loriot dirigierte den bayerischen Defiliermarsch zu seinem 80. Geburtstag. Nur der Mops wandte sich ab.

Von Ammerland nach Allmannshausen

N ach dem Ortsende von Ammerland geht es vorbei an Badehütten und dann nur mehr durch dichten Wald. Kaum lichten sich die Baumkronen wieder, streckt ein alleinstehendes altes Landhaus seinen Erkerturm stolz in den weißblauen Himmel. Ein Stück weiter versteckt sich auf einer sanften Anhöhe gelegen die Seeburg hinter einem dichten Vorhang von Buchenblättern. In den 80er Jahren des vorletzten Jahrhunderts hat sie im romantischen Stil der Realitätenbesitzer Höch erbauen lassen. Hier ist das in den USA gegründete Missionswerk »Wort des Lebens« zu Hause. Als Mitglied im »Ring missionarischer Jugendbewegungen« bietet es jungen Leuten Seminare, Freizeiten und Fernbibelkurse an. Etwa 650 Meter vom Ufer entfernt befindet sich nahe der Seeburg auch die tiefste Stelle des Starnberger Sees. Das Ostufer fällt hier in einen 127,77 Meter tiefen Graben ab. Die Steilwand bietet ein Dorado für Taucher.

Weil wir uns gerade unter Wasser befinden: Wussten Sie, dass der erste scharfe Kanonenschuss unter der Oberfläche eines deutschen Gewässers am 18. März 1866 in Anwesenheit der königlichen Artillerie-Kommission im Starnberger See abgegeben wurde? Der Sohn des U-Boot-Konstrukteurs Wilhelm Bauer feuerte von einem Floß aus mittels eines Drahtes ein Geschütz ab, das in rund 7,20 Meter Tiefe an Panzerplatten geschweißt war. Unter anderem kam es darauf an, das Pulver trocken zu halten und den Rückstoß zu beherrschen. Beides gelang. Der hörbare Abschuss versetzte das Wasser in heftige Bewegung. Die Kanone sollte im Brandtaucher, dem ersten deutschen Unterseeboot, mitgeführt werden. Dokumentiert hat diese Geschichte der Stuttgarter Chemie-Professor Rüdiger Ruhnau, Jahrzehnte lang Urlaubsgast am Starnberger See.

Ein nicht ganz ungefährliches Dorado für Taucher ist die Steilwand nahe der Seeburg, die dort bis zu 127 Meter tief abfällt.

Eine Nacht in der Seeburg

Das Missionswerk »Wort des Lebens« heißt in seinen Begegnungsstätten Gäste willkommen / Von Sabine Bader

Es wirkt düster, fast bedrohlich, wie es da aus den Wipfeln herausragt. Im Sommer, wenn die Bäume belaubt sind, sieht man ohnehin nur die Dächer und Türmchen. Schloss Seeburg hat aus der Ferne betrachtet beileibe nichts Anheimelndes, eher könnte das Gemäuer die Kulisse für einen Gruselfilm abgeben. Hat man erst einmal das Schlosstor passiert und steht im Foyer an der Rezeption, dann ist das Gefühl von Doktor Frankenstein und Co. aber schnell verflogen. Ein freundlicher junger Mann im roten T-Shirt sucht hilfsbereit alles zusammen, was es an Material über das Schloss gibt. Das Missionswerk »Wort

Passt mit ihrem trutzigen Äußeren gar nicht zur leichten Villen-Architektur: Die Seeburg in Allmannshausen.

des Lebens« residiert hier und nutzt das Haus für Jugend- und Ferienfreizeiten sowie Seminare: Es will ein »gottgeprägtes Lebensbild« vermitteln, wie Verwaltungsleiter Volker König erläutert. »Denn wer eine persönliche Beziehung zu Gott hat«, davon ist König überzeugt, »wirkt letztlich auch positiv auf die Gesellschaft ein.« Müßig zu erwähnen, dass hier Alkohol und Zigaretten tabu sind. Vielmehr bestimmen Sport, Spiel und Musik den Tag. »Wir verstehen uns nicht als Gemeinde, sondern als Träger der überkonfessionellen Jugendarbeit«, sagt König. Mit dem Begriff »Sekte« will seine Organisation schon gar nicht in Verbindung gebracht werden. Man arbeite auf der Grundlage der »Deutschen Evangelischen Allianz«, sei Mitglied im »Ring Missionarischer Jugendbewegungen« und in der »Arbeitsgemeinschaft Evangelikaler Missionen«. Die Geschichte der international agierenden Jugendorganisation hat in Deutschland viel mit Musik zu tun: 1964 ziehen vier junge Kanadier – ein Maler, ein Farmer, ein Bankangestellter und ein Schlosser – als »Wort des Lebens Quartett« durch die Republik. Kennen gelernt haben sie sich in einer Bibelschule. Sie singen in Kirchen und Krankenhäusern, Strafanstalten und Schulen ebenso wie auf der Reeperbahn in Hamburg. Radio Luxemburg, Monte Carlo und der AFN bringen ihre Musik. Ihre Songs handeln von Gott. Die Zahl der Zuhörer wächst und es entstehen die ersten Jugendfreizeiten – die Religionszugehörigkeit spielt dabei keine Rolle. Heute arbeitet »Wort des Lebens« in 48 Ländern. Man wolle das Leben der Jugendlichen mit »geistlichen Inhalten füllen«, ihnen »sinnvolle Zukunftsperspektiven eröffnen«, schreibt die Organisation über sich selbst.

Im Gegensatz zum trutzigen Äußeren wirken auch die 15 Gästezimmer der Seeburg überraschend hell und freundlich. Erst vor ein paar Jahren wurden sie renoviert. Errichtet hat das Schloss der Gutsbesitzer und Münchner Bauunternehmer

Heinrich Höch. Das war um das Jahr 1890. Ursprünglich sollte der Bau Schloss Biberkor heißen. Doch wie so oft setzte sich der Volksmund durch, der das düstere Gemäuer von Anfang an »Seeburg« taufte. Die Eigentümer wechselten häufig: Mal avancierte ein Gutsbesitzer zum Schlossherrn, mal ein Industrieller, und für kurze Zeit auch ein Torfwerksbesitzer aus Stuttgart. Danach kaufte Prinz Karl von Ysenburg das Anwesen und bewohnte es immerhin fünf Jahre mit Familie und Dienerschaft, bevor er es an den Major a.D. Rüdiger von Brüning veräußerte, der es wiederum an seinen Sohn, den Gesandten Adolf von Brüning, vererbte. 1941 zog die Nationalsozialistische Volkswohlfahrt (NSV) ins Schloss ein. Nach dem Zweiten Weltkrieg fiel es an den Freistaat Bayern, der es 1971 an »Wort des Lebens« verpachtete.

Das Missionswerk war zu dieser Zeit mit dem Leben am See bereits bestens vertraut. Hatte es doch schon zwei Jahre zuvor hundert Meter nördlich der Seeburg ein nicht weniger stattliches Domizil bezogen: Schloss Allmannshausen. Ein schnörkelloser Herrschaftssitz, von dem aus man weit über den See schauen kann. Von der Uferstraße aus fällt vor allem die wuchtige Stützmauer mit Freitreppe ins Auge. Sie gibt dem Anwesen etwas Unnahbares. Freiherr Ferdinand Josef von Hörwarth hat das Schloss 1669 errichtet. Es gehörte zur Hofmark Allmannshausen und blieb bis zum Jahre 1800 im Besitz der Familie. Die nachfolgenden Eigentümer haben ebenfalls klangvolle Namen: Grafen von Rambaldi, Christoph Heinrich Boehringer, Chemiefabrikant zu Mannheim, und Major Friedrich Freiherr Kress von Kressenstein. Boehringer war es, der das Schloss in eine neuzeitlich bürgerliche Villa mit einer Fassade im Stil der Neorenaissance umbauen ließ. 1942 ging es, wie zuvor schon die Seeburg, an die Nationalsozialistische Volkswohlfahrt und nach Kriegsende an den Freistaat. Die vormals herrschaftlichen Salons im Schloss nutzt »Wort des Le-

Schloss Allmannshausen, ein stattlicher Herrschaftssitz, dient heute wie die Seeburg als Jugendfreizeitstätte.

bens« heute im Stil einer gehobenen Jugendherberge. 30 Zimmer mit 120 Betten stehen zur Verfügung. Insgesamt vermag das Missionswerk in den beiden Schlössern 220 Gäste zu beherbergen. Da sind auch Schulklassen, Familien und Wanderer willkommen. Oder Radler, die keine Lust mehr zum weiterstrampeln haben. Und wer würde nicht gerne mal eine Nacht in einer Seeburg verbringen – auch wenn Verwaltungschef König versichert, dass er noch in keinem der Flure ein Gespenst getroffen hat.

Von Allmannshausen nach Leoni

Direkt hinter der Seeburg verlassen wir den Landkreis Bad Tölz-Wolfratshausen und sind wieder im Landkreis Starnberg. Breite Kiesbänke abseits der Straße laden zu einer Pause ein. An heißen Sommertagen ist der idyllische Uferstreifen, zu dem auch eine Stichstraße vom höher gelegenen Allmannshausen herabführt, stark frequentiert. Zwar ist nur den Anliegern die Zufahrt zum See mit dem Auto gestattet, aber viele Badegäste erteilen sich die erforderliche Sondererlaubnis in Ermangelung eines privaten Seegrundstücks formlos selbst.

Auf der Weiterfahrt in Richtung Leoni ist rechts noch einmal ein besonders schönes Fachwerkhaus zu sehen, dessen dunkle Holzbalken die weißgetünchte Schindelfassade wirkungsvoll durchziehen. Kurz vor dem Ortsschild »Leoni« erhebt sich dann der mächtige Bau der Villa Himbsel (Frommel), von 1842 an das Domizil des königlichen Baurats Johann Ulrich Himbsel. Für die Öffentlichkeit ist das Haus, das namhafte Münchner Maler mit wertvollen Wandgemälden versahen, nicht zugänglich. Auf Himbsel geht auch der Kreuzweg zurück, dessen Stationen seit 1856 Pilger hinauf zur Wallfahrtskirche Aufkirchen führen. Wo sich die Straße weitet und wieder für den allgemeinen Verkehr zugelassen ist, kann man gleich rechts zum »Hackländer-Haus« oder zum höher gelegenen »Haus Buchenried« hinauffahren. In dem Gebäudekomplex ist die Volkshochschule München zu Hause, die interessierten Besuchern gegenüber immer aufgeschlossen ist.

Im vorigen Jahrhundert zog auch die Siedlung »Assenbuch« die Münchner Bohème magisch an. Mit Vorliebe besuchte sie den Hofopernsänger Giuseppe Leoni, nicht zuletzt deshalb, weil

Das Ostufer hat noch über weite Strecken seine Ländlichkeit bewahrt.
Spaziergängerinnen an einem Frühlingstag vor Leoni.

dessen Frau Rosina eine vorzügliche Köchin und Gastgeberin war. Das Landhaus, eine klassizistische Villa, hatte der Sänger vom Staatsrat von Krenner geschenkt bekommen, der ein Musikliebhaber war. 1825 machte Leoni das Vergnügen zum Geschäft und richtete eine Pension mit Restaurant ein. »Fahren wir hinaus zum Leoni«, hieß es fortan bei den Münchner Künstlern. Wilhelm von Kaulbach, Christian Morgenstern, Karl Rottmann, Lorenz Quaglio und Moritz von Schwind gingen aus und ein. Bald hieß die Siedlung nicht mehr »Assenbuch«, sondern »Leonihausen« und schließlich »Leoni«.

Der Feldafinger Hotelier Max Strauch (Hotel »Kaiserin Elisabeth«) erkannte die Chance, die sich da direkt am Seeufer bot. Er baute die Pension zu einem noblen Hotel aus. 1972 musste das marode, aber schöne alte Seehotel mit seinen beiden Türmen einem gesichtslosen Neubau weichen. Neben dem Abbruch des Undosa-Bades ist das eine von vielen Bausünden am Starnberger See. Wie positiv nimmt sich dagegen der Anblick des altehrwürdigen Hotels »Kaiserin Elisabeth« in Feldafing aus, das trotz aller hochfliegenden Pläne bis jetzt erhalten blieb und das Ortsbild entscheidend mitprägt. Strauch erwarb auch Grund auf der »Rottmannshöhe« und ließ dort ein Hotel bauen, das später den Jesuiten als Exerzitienhaus diente und heute eine Klinik des Bezirks Oberbayern beherbergt.

Seehotel Leoni und das Hotel Rottmannshöhe verband ab 1896 die erste Drahtseilbahn in Bayern. Sie fuhr von der Talstation in einem steilen großen Bogen hinauf auf die 660 Meter hohe Bergstation. Die beiden Wagen, die je 30 Personen aufnahmen, waren an einem Drahtseil befestigt, das eine mit Torf betriebene Dampfmaschine über ein Antriebsrad zog. Nach Aufgabe des Hotelbetriebs auf der Rottmannshöhe verlor die Bahn an Bedeutung und wurde 1922 abgebaut. Ihre Trasse ist noch heute sichtbar. Auf ihr verläuft der »Seilbahnweg«.

Seit dem Abriss des alten Seehotels zeugt nur noch das Haus des Fischers Gastl von vergangenen Zeiten. Und die wechselnden Besitzer des Hotels müssen leidvoll erfahren, wie schwer es ist, im Zeitalter des Ferntourismus außerhalb der Saison Urlaubsgäste an den See zu locken. Eine mehrwöchige Sommerfrische am See machen nur noch die wenigsten.

Die Pinakothek am Ostufer

Erwin Georg Hipp hat das Himbsel-Haus mit wertvollen Wandgemälden vor dem Verfall gerettet / Von Sabine Bader

Wasser ist eigentlich nicht sein Element. Er liebt die Berge. Dennoch hat es Erwin Georg Hipp ans Ufer des Starnberger Sees verschlagen. Der Grund könnte triftiger kaum sein: Seine Frau Hannelore ist eine echte Wasserratte. Manchmal schwimmt sie quer über den See bis ans Westufer. Hipp begnügt sich damit, die Alpenkette aus der Ferne zu bewundern. Doch eine Vorliebe teilen die beiden: die für ihr Domizil, das Himbsel-Haus (Assenbucher Straße 53). Der Architekt, Stadtplaner und Visionär Johann Ulrich Himbsel hat es 1842 erbaut. Er gehört nicht nur zu den Gründervätern der Villenkultur am See, er hat durch seinen Einfallsreichtum und sein technisches Wissen auch die Struktur Bayerns nachhaltig geprägt und verändert: Als königlicher Baudirektor errichtete er die Eisenbahnlinie von München nach Augsburg, als Privatmann gab er das erste Dampfschiff auf dem Starnberger See, die Maximilian, in Auftrag und baute die Bahnstrecke von Pasing nach Starnberg. Genau genommen war Himbsel der Wegbereiter des Fremdenverkehrs. Privat umgab er sich mit bekannten Münchner Malern wie Wilhelm von Kaulbach, Karl Rottmann, Moritz von Schwind, Friedrich Dürck, Clemens Zimmermann, Michael Echter und Luis Asher. Von ih-

nen stammen die einzigartigen Wandgemälde in dem als Pinako-
thek ausgestalteten Treppenhaus des Himbsel-Hauses. Vorder-
gründig handelt es sich dabei um Darstellungen des Jahreslaufs.
Doch schaut man genau hin, zeigen sie Szenen fröhlicher Künst-
ler- und Kostümfeste, wie sie auch im gastlichen Himbsel-Haus
stattfanden: Da schreitet beispielsweise im »Frühlingsbild« der
Maler Friedrich Dürck im Araberkostüm vor einem bunt ge-
schmückten Festwagen her, um den Hals trägt er ein Schild mit
der Zahl 1842: Die Darstellung zeigt vermutlich die Einweihung
des Hauses. Und im lustvoll inszenierten »Herbstbild« steigt
Nachbar Graf von Pocci aus Ammerland mit zwei drallen See-
jungfern im Schlepptau aus dem Wasser und fuchtelt freudig mit
zwei Renken in der Luft herum. Und im »Winterbild« sieht man
Moritz von Schwind als Rübezahl eifrig diskutierend neben Wilhelm von Kaulbach durch eine Winterlandschaft schreiten. Kaulbach steckt in einer Mönchskutte und hat eine Eule auf dem
Kopf sitzen. Das Treppenhaus wird zum Schauplatz prallen Lebens in Zyklen von Jahres- und Tageslauf. Oben an der Decke
fährt Helios im Sonnenwagen, umgeben von Gottheiten und
Tierkreiszeichen. Erwin Georg Hipp geht davon aus, dass unter
dem Dach der Himbsel-Villa die erste Künstlerkolonie Bayerns
entstanden ist.

Doch als die Eheleute Hipp das Anwesen 1978 erwerben, zeugt
nichts mehr vom einstigen Ganz und Glamour. Das Haus ist arg
heruntergekommen: Durch das Dach dringt Regenwasser ein
und droht die wertvollen Decken- und Wandgemälde zu zerstö-
ren. Viele Jahre lang war es ein Fremdenheim, im Wohnzimmer
hatte man Duschen installiert, deren Abwasser direkt in den
Garten lief. »Zwei Jahre haben wir mit unseren fünf Kindern gelebt wie in einem Campinglager«, erinnert sich der Hausherr an
die Renovierungszeit. Dann ist zumindest das Gröbste geschafft:
das Dach abgedichtet, Heizung und Wasserleitungen neu installiert. Und, was noch wichtiger ist: Fachleute haben das beschä-

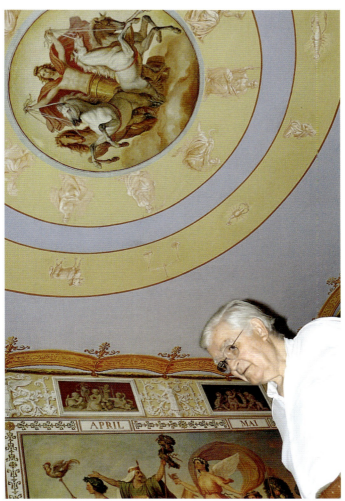

Ohne Erwin Georg Hipp wäre der See um ein Kleinod ärmer. Der Mediziner rettete das Himbsel-Haus mit seinen Gemälden vor dem Verfall.

Rauschende Künstler-Feste stiegen im Haus Johann Ulrich Himbsels, dem großen Pionier, der Schifffahrt und Eisenbahn an den See brachte.

digte Deckenfresko im Treppenhaus restauriert und die Wandgemälde gereinigt. Sie zu betrachten, beglückt den 1928 geborenen Erwin Georg Hipp jeden Tag. Seit früher Jugend zählt die Kunstgeschichte zu seinen Leidenschaften, wenngleich er sie später nicht zum Beruf macht, sondern Medizin studierte und zum Chef der Orthopädischen Klinik der Technischen Universität München avancierte. »Wir wussten jedenfalls von Anfang an, was das Haus für ein Schatz ist«, sagt der emeritierte Professor.

Das bäuerliche Anwesen war allerdings nicht das erste Gebäude, das Himbsel am See errichtete. Bereits 15 Jahre zuvor, 1827, entstand nach seinen Plänen etwas weiter nördlich (Assenbucher Straße 45) das »kleine Himbsel-Haus«, ein Gebäude im klassizistischen Stil, das er nach dem Bezug des großen Landhauses an seinen Freund Kaulbach vermietete. Nach seinem Tod erwarb es der Schriftsteller Wilhelm Ritter von Hackländer. Heute gehört die kleine Villa der Landeshauptstadt München. Die Volkshochschule betreibt im dahinter gelegenen Haus Buchenried ein Seminar- und Tagungszentrum. Himbsels baumeisterliche Fähigkeiten sind vielen ein Begriff, dass er aber zeitlebens tief religiös war, ist weniger bekannt. So stiftete er einen einzigartigen Kreuzweg, der, anders als die meisten, nicht 14, sondern 16 Stationen hat. Er führt entlang des alten Pilgerwegs von Himbsels Landhaus hinauf zum Wallfahrtsort Aufkirchen. Anlass für den Bau war der plötzliche Tod seiner Frau Ottilie und des Sohnes Konrad. Beide wurden Opfer der im Jahr 1854 wütenden Choleraepidemie. Die Stationen mit den kunstvollen Terrakotta-Reliefen, wie man sie auch in Himbsels Landhaus findet, sind in den vergangenen Jahren nach und nach aufwendig restauriert worden. Der Kreuzweg zählt heute zu den Schmuckstücken des Ostufers und wird viel begangen.

Trotz der wertvollen Wandgemälde fühlt sich die Großfamilie Hipp nicht wie in einem Museum: Hier wird nicht ehrfürchtig auf Zehenspitzen geschlichen, hier wird mit der Kunst gelebt. Konsequent nennt sie ihr Domizil daher auch nicht etwa Villa, sondern schlicht Himbsel-Haus. Der 15000 Quadratmeter große Park dahinter ist für Erwin Georg Hipp »unser Urwald«. Dort toben die Enkel des Mediziners herum. Doch es ist stiller geworden im Haus: 2006 starb Hipps Frau Hannelore. Jetzt lebt die jüngste Tochter Ina, die Tiermedizin studiert, fest mit dem Vater in Leoni. Der sitzt viel an seinem Schreibtisch und erfüllt sich seinen Jugendtraum: Er verfasst Bücher über die Kunstgeschichte des 19. Jahrhunderts. Und natürlich über die vier Wände, die nicht nur das Leben seiner Familie entscheidend mitgeprägt haben, sondern deren künstlerischen Wert er der Nachwelt erhalten will.

Von Leoni nach Berg

Spätestens ab Leoni dürfte sich bei weniger geübten Radlern, und zu denen gehören wir, das Hinterteil schmerzhaft bemerkbar machen. Immerhin sind wir schon seit über sechs Stunden unterwegs und haben 40 Kilometer zurückgelegt. Die Aussicht auf Kaffee und Kuchen, beziehungsweise ein gepflegtes Pils im feinen Strandhotel Schloss Berg hält uns aufrecht. Zuerst gilt es aber noch einen schwierigen Abschnitt des Wegs zu bewältigen. Vorbei an der Bootswerft, deren inzwischen verstorbener Chef Peter Simmerding wegen seines weißen Rauschebartes auch der »Hemingway vom Starnberger See« hieß, erreichen wir das Eingangstor des Berger Schlossparks. Jeder Meter des gekiesten Weges ist quasi mit Historie behaftet. Hier also verbrachte König Ludwig II. die letzten und wohl dramatischsten Augenblicke seines Lebens.

Der Berliner Peter Glowasz hat zwei Jahre nach dem 100. Todestag des Märchenkönigs 1986 der ausufernden Ludwig-Literatur ein weiteres Werk hinzugefügt, in dem er die alte »Mord-Theorie« wieder aufwärmt. Danach soll der unglückliche Monarch hinterrücks erschossen worden sein. Einschusslöcher im Mantel und im Körper des Königs seien der Beweis. Eine Theorie, die auch Albert Widemann vom König-Ludwig-Denkmalverein bis zu seinem Tod 2004 im Alter von 90 Jahren unermüdlich vertrat. Bloß weiß niemand, wo der Mantel abgeblieben ist. Vor Jahren hatte sich die Fraktion der Bayernpartei im Füssener Stadtrat sogar mit der Bitte an den damaligen Ministerpräsident Franz Josef Strauß gewandt, die Öffnung des Sarkophags in der St. Michaels-Kirche in der Münchner Fußgängerzone zu veranlassen, in dem die sterblichen Überreste des Königs bestattet sind. Das Be-

Für den Direktor der Isartalbahn, Victor Krüzner, hat Emanuel von Seidl 1892 diese Villa entworfen. Unten die Bootswerft Simmerding.

Von wegen Stubenhockerei vor dem Computer: An schönen Sommertagen machen es die Jugendlichen wie ihre Vorgänger vor 100 Jahren.

gehren wurde abgelehnt. Ein Ludwig-Fan verbarg sich gar in der Gruft und ließ sich einschließen, um das Geheimnis zu ergründen. Er wurde jedoch entdeckt. Den Anhängern der Mordtheorie wollen wir nur ein Argument entgegenhalten: Wer, bitteschön, soll denn ein Motiv gehabt haben, einem kranken, politisch entmachteten und bankrotten König das Lebenslicht auszublasen?

Wir passieren das in der Vergangenheit mehrmals malträtierte Kreuz im See, das jetzt durch Eisenstreben gegen nächtliche Sägeaktionen geschützt ist. Nach einer kurzen Kletterpartie, bei der wir die Räder tragen müssen, erreichen wir wieder den Hauptweg. Schloss Berg und sein direkter Umgriff werden noch von den Wittelsbachern privat genutzt und sind für die Öffentlichkeit nicht zugänglich. Schade, denn es war in den Sommermonaten ein beliebter Aufenthaltsort der bayerischen Monarchen. Das Schloss entstand Ende des 15. Jahrhunderts als Sommersitz der Münchner Patrizierfamilie Ligsalz. Nach einer schnellen Talfahrt (Vorsicht!) erreichen wir wenig später das Strandhotel.

Der Gärtner des Herzogs

Herbert Volz arrangierte Blumengestecke für Lady Diana und den japanischen Kaiser / Von Sabine Bader

Die Buchsbäume, die Herbert Volz zu Kugeln trimmt, bekommt kaum jemand zu Gesicht. Auch die vielen duftenden Rosen nicht und das große Lilienbeet, auf das er so stolz ist. Denn Volz' Arbeitsplatz ist umgeben von einer hohen Mauer, verborgen vor den Augen der Öffentlichkeit. Seit 25 Jahren ist er der Gärtner von Schloss Berg, dem Privatdomizil der Wittelsbacher. »Die Firma legt großen Wert auf Diskretion«, sagt Volz und er versteht das gut, »weil eben jeder ein Privatleben braucht – auch ein Herzog.« Die Firma, das ist der Wittelsbacher Ausgleichsfond, bei dem er angestellt ist. Schon die Anzeige, die Volz im Dezember 1982 entdeckte, ist äußerst verhalten formuliert. Für eine »Schlossgärtnerei am Starnberger See« werde ein Gärtner gesucht, hieß es da. Der damals 34-Jährige spricht kurz entschlossen bei Herzog Albrecht vor – und hat die Stelle. Einen Monat später zieht Volz ins Ökonomiegebäude des Schlosses ein, nebenan wohnen die Köchin und der Hausdiener.

Sein neuer Wirkungskreis umfasst 35 Hektar Schlosspark mit Seezugang. Rund 14 davon nutzen die Wittelsbachern privat, 21 Hektar sind öffentlich zugänglich. Im Sommer tummeln sich dort Badegäste und Spaziergänger, Tausende Urlauber und Königstreue besuchen jedes Jahr die Votivkapelle und das Kreuz im

Was Herbert Volz hegt und pflegt, bekommen nur die Wittelsbacher und ihre blaublütigen Gäste zu Gesicht.

See, das an den Tod von Ludwig II. erinnert. »Es war stets der Wunsch von Herzog Albrecht«, sagt Volz, »dass der Park ganz natürlich bleibt.« Denn der Herzog war ein begeisterter Jäger und leidenschaftlicher Naturfreund. Und er liebte Blumen – »alles was duftet, vor allem Rosen«.

Von diesen war vor 25 Jahren im privat genutzten Parkteil wenig zu sehen: Über den Blumenrabatten wucherte Unkraut, statt des Rasens stand da ein Maisfeld. Letzteres ändert der frisch gebackene Schlossgärtner umgehend. Auf Wunsch des Herzogs verwandelt er das Feld in ein rund 500 Quadratmeter großes Beet: Es wächst ein Blumenmeer von der Zwergnelke bis zur stattlichen Sonnenblume. Den Gärtner freut auch das Interesse der Wittelsbacher an seiner Arbeit: Gepflanzt wird stets erst nach persönlicher Absprache mit dem jeweiligen Chef des Hauses – früher Herzog Albrecht und seit dessen Tod 1996 Herzog Franz. Anklang finden offenbar auch die Dekorationen, die der auf Zierpflanzen und Parkanlagen spezialisierte Volz für seine Dienstherren entwirft. Stolz zeigt er Fotos eines Tischschmuckes, den er zur Hochzeit einer Tochter von Herzog Max am Tegernsee arrangiert hat. »Die Blumen passen genau zum Geschirr und zu den Decken«, schwärmt Volz. Für die Feste und Empfänge, zu denen die Wittelsbacher zumeist ins Schloss Nymphenburg laden, entwirft er über Jahre Tischgestecke und Blumenarrangements – wobei er selbstverständlich die Lieblingsblumen des jeweiligen Gastes aussucht. So begegnen ihm Angehörige des spanischen und des englischen Königshauses, sogar Lady Diana und der japanische Kaiser. Und nicht zu vergessen

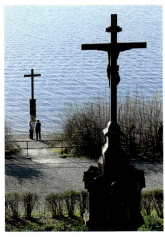

Immer noch ein magischer Ort: Das Gedenkkreuz an Ludwig II., der am 13. Juni 1886 an dieser Stelle zu Tode gekommen sein soll.

Franz Josef Strauß. An die Begegnung mit dem ehemaligen bayerischen Ministerpräsidenten erinnert er sich noch ganz genau. Der habe ihm sogar die Hand gegeben und gefragt, wie's geht.

Der Alltag im Schlossgarten ist weit weniger aufregend. Meist weilt die Herrschaft in München und das Personal ist unter sich. Für Volz und seine zwei Mitarbeiter heißt es dann Bäume zurechtstutzen und ausschneiden, Rasen mähen, Samen und Jungpflanzen bestellen. Hinzu kommt noch die Pflege des Wittelsbacher Friedhofs in Andechs, die

Pflanzungen am Jagdhaus bei Maria Zell in Österreich und natürlich das Schmücken der Votivkapelle zum alljährlichen Gedenkgottesdienst für Ludwig II. Nein, er selbst habe sich nie besonders für den Märchenkönig und dessen Schicksal interessiert, sagt Volz. Zwar weiß er, in welchem der vielen Räume im Schloss der König einst die letzten Stunden vor seinem Tod verbrachte, aber viel reden will er darüber nicht. »Ich bin hier Gärtner«, sagt er.

Ludwigs Lieblingsschloss

Genau genommen kann man Schloss Berg nur vom See aus betrachten. Auf der Landseite schirmen hohe Mauern und Tore den Privatsitz der Wittelsbacher ab. Erste Quellen berichten, dass Hans Ligsalz, Miteigentümer der Hofmark Ascholding, gegen Ende des 15. Jahrhunderts ein Herrenhaus in Berg errichtete. Ein Kupferstich um 1700 zeigt das Schloss, umgeben von einem Wassergraben und einer Ringmauer. 1676 kauft es Kurfürst Ferdinand Maria. Er ist auf der Suche nach weiteren Jagdgelegenheiten, die sich mit rauschenden Seefesten verbinden lassen. Denn besondere Attraktion sind zu dieser Zeit die See-Jagden, bei denen der Adel nicht nur Enten und andere Vögel erlegt, sondern auch Hirsche. Diese werden von Possenhofen oder vom Forstenrieder Park aus in den See getrieben und vom Prunkschiff Bucentaur aus geschossen. Hierfür wird eigens ein doppelter Wildzaun zwischen dem Park in Forstenried und Berg aufgestellt, durch den die Treiber die Tiere wie durch eine Gasse scheuchen. Nach heutigem Verständnis ein recht zweifelhaftes Vergnügen, damals aber der Höhepunkt ausschweifender Feste. Schloss Berg geht danach durch die Hände mehrerer Kurfürsten. 1806 wählt König Max I. von Bayern Berg zu seinem Sommersitz. Auch Max II. tut es ihm gleich und lässt das Schloss von Leo von Klenze im neugotischen Stil mit Ecktürmen umbauen.

Besonders gern hielt sich König Ludwig II. in Schloss Berg auf. Hier ver-brachte der Monarch auch seine letzten Stunden.

Noch mehr als sein Vater Max II. liebt wohl Ludwig II. das Schloss. Ganze Sommermonate verbringt er am See. Das letzte große höfische Fest erlebt Berg im Jahr 1868 zum Besuch der russischen Zarin Maria Alexandrowna. Nach dem Tod Ludwigs am 13. Juni 1886 wird das Schloss vorübergehend als König-Ludwig-Museum zur Besichtung geöffnet. Mit dem Ende des Zweiten Weltkriegs beziehen amerikanische Soldaten die Räume. Nach deren Abzug wird der herrschaftliche Bau umfassend renoviert. Die angebauten Türme werden abgebrochen, es entsteht wieder der Zustand um 1800.

*B*is auf das parkartig angelegte Gelände im Bereich der Zugbrücken und das Erholungsgebiet Kempfenhausen ist der letzte Streckenabschnitt kaum noch reizvoll. Die Straße führt nicht direkt am See entlang, sondern durchtrennt die ausgedehnten Villengrundstücke. Rechts das Herrschaftshaus, links der dazugehörige Badestrand samt Bootshaus. Dann verengt sich die Straße zu einem Spazierweg mit Stufen. Vorsicht und Rücksichtnahme auf Fußgänger sind hier angebracht. Die Radlfahrt durch das Erholungsgelände ist offiziell verboten und empfiehlt sich auch nur unter der Woche. Die Seestuben laden zur Rast ein. Durch die Bäume ist die ehemalige Villa Pellet zu erkennen, ein großes dreigeschossiges Landhaus aus dem Jahr 1855, in dem heute das Landschulheim Kempfenhausen residiert. 1864 ließ König Ludwig II. die Villa für Richard Wagner anmieten, um seinem Idol möglichst nahe zu sein. Der Komponist verbrachte dort die Sommermonate und kehrte im Herbst des Jahres wieder nach München zurück. Jetzt gilt es, einen Übergang über den Lüßbach und die Nepomuk-Brücke zu überwinden. Es sind die letzten Hürden, über die wir unsere Räder schleppen müssen. (Die Ausweichroute entlang der Autobahn ist nicht so reizvoll.) Unser Blick fällt auf die Bootswerft Sattler landeinwärts und ein Taucher-Ausbildungszentrum der Bundeswehr zum See hin. Über die Würm in Percha spannt sich eine Zugbrücke, die dem heiligen Nepomuk geweiht ist. Wenn ein Segler passieren will, drückt er auf einen Knopf oder gibt dem Diensthabenden in der Bootswerft Rambeck Signal, und schon klappen die beiden Teile der Brücke auseinander. Die Bootswerft Rambeck ist die älteste und größte Werft am See. Im Zeitalter der Jachten „von der Stange" hat sie sich aber hauptsächlich auf die Wartung spezialisiert.

Vom Erholungsgebiet Kempfenhausen bieten sich reizvolle Ausblicke, besonders wenn sich die bunten Spinnaker der Regatta-Boote blähen.

Wer Lust hat, kann von Percha aus einen kleinen Abstecher nach Norden zu den Grundmauern eines römischen Gutshofs aus dem 2. Jahrhundert n. Chr. machen, die Villa Rustica. Die sehenswerten Ausgrabungen in einem Schutzbau aus Glas zeigen, dass der Hausherr über eine Fußbodenheizung und eine Badewanne verfügte. Für den Abstecher ist eine gute Stunde einzuplanen.

Vorbei am neuen Landratsamt, einem transparenten Bau nach den Plänen des Architekturbüros Auer und Weber inmitten von Wasserflächen und Kanälen, das im Jahr 1989 den Deutschen Architekturpreis erhielt, erreichen wir den Nepomukweg. Hier residiert der vornehme Bayerische Yachtclub. 1888 gegründet, durfte er sich bis zum Jahr 1918 mit dem Prädikat »Königlich« schmücken. Leider öffentlich nicht zugänglich, befindet sich auf seinem Gelände der »Bucentaur-Stadel«. Der jetzt als Bootshaus genutzte Holzbau an der Mündung des Georgenbaches erinnert an die glanzvollen Zeiten der höfischen Prunkschifffahrt im 17. Jahrhundert. Den modernen Bruder des fürstlichen Flottenstützpunkts, den Hafen der Staatlichen Seenschifffahrt, lassen wir links liegen. Noch eine Kurve und wir sind an unserem Ausgangspunkt angelangt, dem S-Bahnhof an der Seepromenade. Der Kreis hat sich geschlossen.

Die »Weitsicht« eines Gutsbesitzer

*Wie eine Lokalbahn von Percha nach Penzberg fast das
ländliche Leben am Ostufer zerstört hätte*

Das Ostufer hätte wohl seine Ländlichkeit nicht in dem Maße
bewahrt, wären Pläne Wirklichkeit geworden, mit denen sich
die Gemeinde Percha-Wangen im Jahr 1898 konfrontiert sieht.
Geschäftsleute wollen eine Lokalbahn bauen. Die Strecke soll
entlang des Lüßbachtals nach Münsing und über Seeshaupt weiter bis nach Penzberg führen. Angesichts des Erfolgs der Bahnlinie am Westufer, die den Tourismus angekurbelt und zahlungs-
kräftige Gäste gebracht hat, ist der Gemeinderat Feuer und
Flamme. Doch 1909 verschwindet das ehrgeizige Projekt in der
Versenkung. Warum, weiß niemand mehr so genau. Dem Ver-
nehmen nach residierte ein einflussreicher Herr auf Gut Buch-
hof. Der sah durch die Bahn sein Jagdrevier in Gefahr. Im We-
sentlichen bestimmten aber Klöster die Geschicke des Ortes,
der zu den ältesten Ansiedlungen am See zählt. So geht das ehemalige Kloster Percha oberhalb der alten Olympiastraße bis auf
die Jahrhundertwende zurück. Die Ursberger Schwestern führen dort das Altenheim St. Josef. Doch Schwesternmangel
zwang den Orden, die Einrichtung an die Malteser abzugeben.
»Das Kloster hat das Gemeinschaftsleben im Dorf immer mitgeprägt«, erzählt Lokalhistoriker Benno Gantner.

Jahrhunderte lang bestimmte aber das Kloster Schäftlarn die Geschicke des Perchaer Bauern- und Fischervölkchens. Im Jahre 735
wird Percha erstmals in einer Urkunde des Baganza erwähnt. Dieser vermögende Mann schenkt »zu seinem Seelenheil und dem
seiner Familie« seinen gesamten Besitz samt der Valentinskirche
dem Kloster des Heiligen Dyonis in Schäftlarn. Damit gerät Percha unter den Einfluss der Diözese Freising. Weil die Diözesan-
grenzen damals keineswegs festgesetzt waren und ein möglichst

großer Diözesanbereich auch den Machtanspruch des Bischofs vergrößerte, wird Percha das Bollwerk Freisings nach Westen, gegen das Bistum Augsburg. Über Jahrhunderte hinweg behauptet der Ort diese Position. Noch heute verläuft die Diözesangrenze entlang der Würm, die alte Grundherrenschaftsgrenze des Klosters Schäftlarn. Die Schenkung der Perchaer Kirche dürfte vermutlich nicht nur ein Akt christlicher Demut gewesen sein. 1930 entsteht im Kloster ein Hirnverletztenheim mit 20 Betten. Im Jahr 1934 wird das Hauptgebäude St. Maria neu gebaut, 1935 weiht der Erzbischof von München und Freising, Mi-

Der heilige Nepomuk behütet die Zugbrücke über die Würm, die sich öffnet, wenn ein Segelboot passiert.

chael Kardinal Faulhaber, die neue Klosterkirche St. Bonaventura ein. Im Kloster wirken zu dieser Zeit 35 Schwestern, sieben weltliche Beschäftigte im Hauspersonal und 13 Arbeitskräfte in der Landwirtschaft. Von 1939 bis 1945 dient es der Wehrmacht als Reservelazarett. Wenige Tage vor Kriegsende sprengt ein SS-Trupp die alte Würmbrücke und die neue Brücke der 1935 gebauten Olympiastraße. Zuvor waren am 26. April 1945 etwa 35 000 KZ-Häftlinge von SS-Schergen aus dem aufgelösten KZ Dachau in Richtung Bad Tölz getrieben worden. Am 30. April beenden amerikanische Truppen den braunen Spuk. Von 1946 bis 1954 beherbergt das Kloster ein Blindenheim, danach ein Altenheim. 1980 geben die Schwestern den landwirtschaftlichen Betrieb auf, ziehen sich später ganz zurück.

In der Nachbarschaft des Klosters steht noch ein geschichtsträchtiges Gebäude, die ehemalige Dorfschmiede. Sie geht auf das Jahr 1554 zurück. Neben dem Handwerk üben die Schmiede auch ein Fischereirecht am See aus, eine nicht unwichtige Nahrungsquelle. 1692 übernimmt Andree Mayr die Schmiede als »Huef- und Gmainschmied«. Für das Anschweißen eines Griffes kassiert er zwei Pfennige, wenn der Bauer den Griff aber selbst mitbringt, nur einen Pfennig. Der letzte Dorfschmied ist Johann Mader, der den Handwerksbetrieb bis in die 70er Jahre des vergangenen Jahrhunderts fortführt. Einer seiner letzten großen Aufträge ist ein Satz Keuschheitsgürtel, die in einem Lokal in den USA als Lampenhalter dienen sollen. Mader ging als bayerisches Original in die Dorfgeschichte ein und war wegen seines bodenständigen Humors rundherum bekannt. Nach seinem Tod stieg die Dorfschmiede zur Lagerhalle ab.

Links herum oder rechts herum

Mit öffentlichen Verkehrsmitteln, die damals noch nicht so hießen, an das südliche Ende des Ostufers zu gelangen, war vor hundert Jahren ein recht mühseliges Unterfangen. Mit dem Zug ging es nach Starnberg und später weiter nach Tutzing. Dort schiffte sich der Reisende in den Schaufelraddampfer Maximilian ein.

Mit dem war das aber so eine Sache. Er fuhr vormittags links herum um den See und nachmittags rechts herum, doch dies im wöchentlich wechselnden Turnus. Wer mochte sich da noch auskennen? Bei Sturm geriet der Fahrplan vollends durcheinander. Dann legte die Maximilian an den Stegen am Ostufer nicht mehr an, weil sie viel zu kurz und die Wellen viel höher waren als am Westufer.

Die Maximilian stampfte dann in der Mitte des Sees gen Seeshaupt, und alle, die abreisen oder für einen Tag nach München fahren wollten, hatten das Nachsehen.

Von der Prunkgaleere zum Ausflugsdampfer

500 Jahre Starnberger Schifffahrtsgeschichte –
übrig geblieben ist nur wenig

Schon im 15. Jahrhundert haben die Wittelsbacher Herzöge gemerkt, wie schön es am See ist. 1498 lassen sich die ersten Schiffe des Münchner Hofes nachweisen. Zum Starnberger Schloss, das von München aus mit Pferdekutschen gut erreichbar ist, kommen weitere Schlösser wie Berg und Possenhofen. Die Prunkgaleere Bucentaur befährt von 1663 bis 1741 den See und markiert den Höhepunkt der höfischen Schifffahrt. Kurfürst Ferdinand Maria und seine Gattin Henriette Adelaide geben das Schiff in Auftrag. Es ist dem goldfarbenen Staatsschiff der venezianischen Dogen nachempfunden, 29 Meter lang, 7,50 Meter breit und fünf Meter hoch – ein schwimmender Festsaal. 300 Ruderer bewegen es vorwärts. Der Bucentaur bildet das Zentrum prachtvoll-barocker Seefeste und Hirschjagden, umschwirrt von einer Armada von Leibschiffen, vom »Mundkuchlschiff« bis zum »Notturfft-Gundele«. »Die Landschaft rund um den See einschließlich der Uferorte und der umliegenden Schlösser diente mit Beginn der Dämmerung als illuminierte Kulisse. Auf dem See schwammen künstliche Inseln mit Inszenierungen mythologischer Themen, untermalt von Beleuchtung und Wasserspielen; Lichterketten markierten die Gebäude und Mauern der umliegenden Schlösser; Feuerwerke erleuchteten die nächtliche Szenerie; Kanonen- und Böllerschüsse erzeugten neben der höfischen Musik der Schiffskapelle eine dramatische Geräuschkulisse«, beschreibt der Führer des Starnberger Heimatmuseums das Spektakel. Als der Schiffsboden des Bucentaur verschlissen ist, bedeutet dies das Ende des Schiffes, es wird abgewrackt. Heute erinnert der Bucentaur-Stadel von 1803 auf dem Gelände des Bayerischen Yachtclubs in Starnberg an diese Zeit. Er beherbergte aber nicht den Bucentaur, sondern das königliche Leibschiff »Carolina«.

Der modernen Zeit entspricht das letzte höfische Schiff auf dem See. Um die Entfernung zwischen Starnberger Bahnhof, Schloss Berg und der Roseninsel schnell zurückzulegen, bestellt König Max II. ein kleines Dampfschiff, erlebt die Fertigstellung aber nicht mehr. 1865 kauft Ludwig II., seit einem Jahr bayerischer König, das Schiff und nennt es »Tristan«. Nach dem Tod des Königs wird der Tristan am Ammersee als Schlepper eingesetzt und 1951 verschrottet.

Genau hundert Jahre vorher lässt Baurat Ulrich Himbsel den ersten kommerziellen Dampfer in See stechen: das Dampfschiff »Maximlian«. Dem Maximilian folgen die Schaufelraddampfer »Ludwig«, nach der Revolution 1918 in »Tutzing« umbenannt, die »Bavaria« und die »Wittelsbach«, später die »Starnberg« und »Luitpold«, schließlich die »München«.

Die herrlichen Schaufelraddampfer hat man nach dem Zweiten Weltkrieg verschrottet und Neubauten geordnet, um den darniederliegenden Werften an der Donau wieder Arbeit zu geben. Heute verkehren auf dem See die »Seeshaupt«, die »Bayern«, die »Bernried«, die »Berg«, die »Phantasie« zum Buchheim-Museum und als neuestes Flaggschiff der Katamaran »Starnberg«. Die außer Dienst gestellte »Tutzing« liegt vor ihrer Namensgeberin vor Anker und dient als Café.

Um 1890 beförderten die Dampfer fast eine halbe Million Besucher um den See. Heutzutage ist die Staatliche Seenschifffahrt schon froh, wenn die Hälfte an Bord kommt. Die dreistündige Rundfahrt dauert dem modernen Kurzurlauber mittlerweile schon viel zu lange.

Der bayerische Anarchist

Auf den Spuren Oskar Maria Grafs zu wichtigen
Schauplätzen seiner Romane / Von Sabine Bader

Er war Rebell, Pazifist, ein Anarchist und unbequemer Mahner
zugleich: Oskar Maria Graf. Die einen sehen in ihm den scharf-
sinnigen Literaten, der es nie nötig hatte, seinen Intellekt zur
Schau zu stellen, und der mit seiner Sozialkritik nicht nur den
Blick auf die Menschen und ihre Mühen im Alltag freigab, sondern durch seine rüde Schonungslosigkeit auch befreiend de-
maskierend wirkte. Die anderen sehen in ihm nur einen trinkfes-
ten Lederhosenerzähler, einen bayerischen Provinzpoeten. Die
Berger indes hatten meist wenig übrig für ihren berühmten
Sohn. Für sie war er nicht nur ein Roter und nutzloser Bohè-
mien, sondern schlicht ein Nestbeschmutzer übelster Sorte.
Tauchen doch in seinen Werken immer wieder Personen auf, die
dem einen oder anderen Dörfler zum Verwechseln ähneln. Zy-
niker behaupten sogar, dass überall in Deutschland mehr Graf-
Werke im Bücherschrank stehen, als in seiner Heimatgemeinde
Berg. Und dennoch stößt man hier auf zahlreiche Spuren des
Dichters. Es gilt nur, sie zu finden. So begeben wir uns auf eine
rund 18 Kilometer lange Rundtour – begleitet von Zitaten aus
seinem Roman »Das Leben meiner Mutter«.

Wir beginnen unsere Fahrt am **Seebahnhof** in Starnberg. Dort
kam Oskar an, wenn er in späteren Jahren seine Mutter besuchte. Über sich selbst schreibt er: »*Fast ein Jahr war ich in der
Schweiz und in Italien gewesen und wollte meine Mutter wiederse-
hen. Ich hatte lange, im Genick geringelte Haare. Mein einziger
Anzug, den ich trug, sah verschlampt aus. Das Fahrgeld von Mün-*

chen hierher und eine Mark dazu hatte ich von meinem Kameraden geborgt.« Vom Bahnhof aus radeln wir nach Percha und dann entlang der Staatsstraße nach Süden über Kempfenhausen bis nach Berg.

Am Ortseingang geht es rechts in die Bäckergasse. Sie mündet in den **Oskar-Maria-Graf-Platz**. Als der frühere Bürgermeister Josef Ücker vor etlichen Jahren das Straßenschild mit dem neuen Namen des Platzes anbringen wollte, bekam er im Rathaus unerwarteten Besuch: Eine ältere Anwohnerin erklärte, sie könne die Schmach, am Graf-Platz wohnen zu müssen, nicht überleben. Ücker, selbst kein großer Graf-Fan, zeigte Verständnis, und so wanderte das Schild zunächst einmal in den Keller. Erst nach dem Tod der betagten Dame kam es zu Ehren.

Gleich zu unserer Rechten steht das **Geburtshaus** des Dichters (Grafstraße 9). Sein Vater betrieb darin eine Bäckerei, die später Oskars ältester Bruder Max übernahm. Es folgten ein Lebensmittelsladen und eine Wäscherei. Heute befindet sich in den Räumen ein Gasthaus, das Oskar-Maria-Graf-Stüberl, in dem es sich gut und gemütlich speisen lässt. Liebevoll eingerichtet sind die drei Wirtsräume. Man hat das Gefühl, es müsse jeden Augenblick die Tür aufgehen und der grobschlächtige Literat hereinstapfen: Bilder von Graf hängen an den Wänden. Eines davon – es ist wohl das Bekannteste – zeigt ihn zusammen mit Bertolt Brecht in der New Yorker Stammkneipe, ein anderes den täglichen Schulweg Grafs von Berg nach Aufkirchen. Auch

Sitzt auf gepacktem Koffer. Das Denkmal zeigt den Schriftsteller Oskar Maria Graf in Aufkirchen.

Reclam-Hefte mit Erzählungen des Dichters liegen auf, und durch eine stets versperrte Glastür schimmert das Konterfei Oskars: Er schaut in die kleine Gaststube, sieht die Berger an den Tischen sitzen und denkt sich seinen Teil.

Schräg gegenüber, an der Ecke Grafstraße/Schatzlgasse, steht rechts ein großes Haus (Grafstraße 18), in dem Oskar Maria Grafs Bruder Maurus das **Café Maurus** betrieb. Bis vor Kurzem erinnerte noch die verblasste Inschrift auf der alten Hauslaterne daran; neuerdings hat man das Glas ersetzt. Maurus war übrigens im Gegensatz zu seinem Bruder sehr beliebt im Ort.

Wir folgen Oskars täglichem **Schulweg** die Grafstraße hinab, über die Staatsstraße und hinauf nach Aufkirchen. Am Ortseingang steht links inmitten einer kleinen Grünanlage das **Oskar-Maria-Graf-Denkmal**. Der Starnberger Bildhauer Max

Lebensweg

1894 Geboren am 22. Juli in Berg als neuntes Kind des Bäcker-
meisters Max Graf und der Bauerntochter Theresia Graf,
geb. Heimrath

1900 Besuch der Dorfschule in Aufkirchen

1906 Arbeit als Bäckergeselle und Tod des Vaters

1911 Flucht nach München, schließt sich der Schwabinger Bohème
und anarchistischen Kreisen an

1914 Erstes Gedicht in der Zeitschrift »Aktion« und Einzug zum
Militärdienst

1916 Befehlsverweigerung, Einweisung in die Irrenanstalt und Ent-
lassung aus dem Militärdienst

1918 Geburt der Tochter Annemarie

1919 Teilnahme an der Revolution, vorübergehende Verhaftung,
Arbeit als Kunstkritiker

1920 Dramaturg an der »Neuen Bühne«

1927 Literarischer Durchbruch mit »Wir sind Gefangene«

1933 »Verbrennt mich!« Protestaufruf in der Wiener »Arbeiter-
zeitung« gegen die Bücherverbrennung der Nationalsozialisten

1934 Emigration nach Brünn, Ausbürgerung aus dem Deutschen
Reich, Tod der Mutter

1938 Flucht über Holland in die USA – Ankunft in New York,
Engagement für die Rettung von Emigranten und später für
Opfer des Nazi-Regimes

1957 Erhalt der amerikanischen Staatsbürgerschaft, Besuch in Berlin, München, Berg, Wien und Zürich

1960 Ehrendoktorwürde in Detroit

1964 Erneute Stippvisite in Berg

1967 Am 28. Juni Tod in New York

Wagner hat die Bronzestatue 1994 gefertigt. Sie zeigt den Dichter auf einem gepackten Koffer sitzend: der Rastlose, ewig Suchende. Über den Symbolwert der Plastik lässt sich trefflich streiten. Könnte sie auch Ausdruck für die Erleichterung der Dorfgemeinschaft sein, Graf mit seinen gepackten Koffern wieder gen München oder noch weiter weg fahren zu sehen? Tatsache ist jedoch, dass seinerzeit hauptsächlich ein Kriterium für die Auswahl von Skulptur und Künstler ausschlaggebend war: der Preis. »Zu teuer darf es halt nicht werden«, hieß es damals hinter vorgehaltener Hand im Berger Gemeinderat. Denn warum für einen Mann viel Geld ausgeben, der die Ortschaft und ihre Bürger in Werken wie »Die Chronik von Flechting« mit all ihren Schwächen und Unzulänglichkeiten preisgab.

Vom Parkplatz aus führt die Lindenallee in Richtung Norden zur Berger Sternwarte. Der Spazierweg ist nicht nur wegen der eindrucksvollen alten Bäume einen kurzen Abstecher wert, Graf schlenderte ihn gern entlang – er soll sogar sein erklärter **Lieblingsweg** gewesen sein.

Schräg gegenüber des Graf-Denkmals steht auf der rechten Straßenseite die alte **Volksschule** von Aufkirchen (Marienstraße 9), in der heute die Gemeindebücherei untergebracht ist. Hier verbrachte der Dichter seine Schuljahre. Darüber schreibt er: *»Als ich damals zur Schule kam, mussten wir fast jeden Tag eine lange Weile die Zahl ‚1900' auf unsere Schiefertafeln kratzen, und der junge Lehrer, der uns Buben und Mädel von der ersten, zweiten und dritten Klasse unterrichtete, sagte nach dieser Lektion stets mit bedeutungsvoller Miene: das bedeutet – merkt es euch – den Anfang eines neuen Jahrhunderts mit dem neuen Kaiser Wilhelm dem Zweiten an der Spitze. Wir schauten ihn dumm und verständnislos an, aber ‚Jahrhundert' und ‚Kaiser Wilhelm' prägten sich uns ein.«*

Im Geburtshaus des Dichters, früher eine Bäckerei, lädt eine gepflegte Wirtschaft zum Verweilen ein.

Im oberen Stock des Hauses befindet sich seit 2003 ein kleines Schulmuseum (Besichtigung: Sieglinde Müller, Tel. 0 81 71/ 1 64 36). In dem Raum unter dem Dach ist die Zeit stehengeblieben: Dicht gedrängt stehen alte Schulbänke, an der Wand hängt eine Karte, die einen liebevoll gemalten Feldhasen zeigt. Das älteste Schulbuch im Regal stammt aus dem Jahr 1894, und die Musiktruhe ist noch funktionstüchtig. Ja, und dann wäre da noch ein Ölbild im Klassenzimmer. Es zeigt den **Lehrer Karl Männer**. Den Mann, bei dem Oskar Maria Graf die Schulbank drückte und über den er später schrieb: *»In der Schule bei Lehrer Männer fühlten wir uns geborgen wie nirgends sonst.«*

Wir fahren weiter zur Pfarr- und Wallfahrtskirche Aufkirchen mit ihrem alten Gottesacker. Auf der Südseite befindet sich das **Familiengrab** der Grafs. Seine Mutter, sein Vater und sein Großvater sind hier bestattet – den Namen Oskar Maria Graf sucht man indes vergebens. Seine Urne wurde am 28. Juni 1968 – genau ein Jahr nach seinem Tod – auf dem Friedhof München-Bogenhausen beigesetzt.

Wir verlassen den Friedhof. Direkt vor uns steht der Gasthof »Zur Post«. In der geräumigen Wirtsstube der Familie Klostermaier hat der Oskar gerne gezecht, und oben in der Kammer, deren Fenster und Balkon in Richtung Süden zeigen, verbrachte Andreas Graf, genannt **Kastenjakl**, ein Großonkel des Schriftstellers, seine letzten Jahre. Der Kastenjakl war ein kauziger Mann, der sich mehrmals finanziell übernahm und schließlich verarmt in der Dachstube des Gasthofs starb. *»Er liebte die Menschen nicht, aber er suchte sie beständig«*, schreibt Graf über seinen Großonkel. Und später: *»Man hielt ihn allerorts für ‚spinnert‘, aber man gewöhnte sich an ihn.«*

Wir fahren nun die Oberlandstraße weiter in Richtung Süden nach Aufhausen. Dort steht auf der linken Straßenseite (Hausnummer 23) der **Heimrath-Hof**, das Geburtshaus von Oskar Maria Grafs Mutter, der Heimrath Resl. Ein stattliches Anwesen, über das der Autor schreibt: *»Die Heimraths lebten seit Jahrhunderten auf dem einsamen Bauernhof in Aufhausen.«* Einsam ist das Gebäude, das unter Denkmalschutz steht, heute nicht mehr, sondern umstellt von Neubauten. Auf ein ehemaliges Stallfenster ist ein Teufelchen gemalt, dazu die Aufschrift: »OMG was here«. Angebracht hat es ein Künstler. Über die Familie seiner Mutter, die Heimraths, schreibt Graf weiter: *»Gleich und gleich bleiben Zeit und Leben in Aufhausen. (…) Für sie muss es nie etwas anderes gegeben haben, als Geborenwerden, Aufwachsen, unermüdliche Arbeit, demütige Gottesgläubigkeit und Sterben.«*

Vom Heimrath-Hof aus fahren wir die Staatsstraße ein kleines Stück zurück in Richtung Aufkirchen, um dann links in den Enzianweg einzubiegen. Er trifft auf die Maxhöhe, dort wenden uns nach rechts und biegen dann links in den Kreuzweg ein, der bergab in Richtung See führt, überqueren die Staatsstraße und treffen nach zirka 100 Metern rechts auf ein Herrschaftshaus (Kreuzweg 94), das mit seinen weißen Zinnen und dem Türmchen nicht unbedingt dem oberbayerischen Baustil entspricht. Es ist das sogenannte **Kastenjakl-Schlösschen** – jenes Haus, das dem Jakl zum Verhängnis wurde. Graf: *»Der Kastenjakl war ein warnendes Beispiel. Er hatte sich, wie sich nun immer mehr zeigte, bedrohlich verspekuliert. Die Leute spotteten über seinen ‚ewigen Schlossbau' und sahen schadenfroh zu, wie die Schwierigkeiten dem alten, eigensinnigen Mann über den Kopf wuchsen.«*

Von der Staatsstraße aus geht es auf dem Radweg nordwärts über Berg zurück nach Starnberg. Wer gerne am Ufer entlang radeln möchte, kann in Berg links in die Grafstraße einbiegen, sie wird zur Wittelsbacherstraße und fällt dann steil ab zum See. Von dort aus geht es immer nach Norden zurück nach Starnberg.

Die Lady Diana
des 19. Jahrhunderts

*Wo Prinzessin Sisi eine unbeschwerte Jugend verbrachte und
sich später als Kaiserin Elisabeth zurückzog*

Wer mit der S-Bahn in **Starnberg** am Seebahnhof ankommt,
kann Dinge entdecken, die auch die österreichische Kaiserin Elisabeth vor Augen hatte, als ihr Hofzug vor mehr als 150 Jahren vor-
beirollte: Es sind die gusseisernen Kustermann-Säulen, die das
Bahnsteigdach stützen. Wenn die Stadt erst den Bahnhof renoviert
haben wird, dürfte auch der König-Ludwig-Saal mit seiner sehenswerten Deckentäfelung wieder zugänglich sein. Der Bahnhof
samt dem königlichen Wartesalon entstand wie die Bahnlinie um
1855. Wir denken uns einfach die modernen Häuser drumherum
weg und lassen unserer Phantasie freien Lauf. Die Rokoko-Kirche
und das Schloss zaubern vor unserem geistigen Auge ein Starnberg, das einst auch Sisi erlebte.

Wir radeln am Westufer entlang, also den Bahnhof im Rücken
nach rechts über die Seepromenade, die Seestraße entlang und
durch das Erholungsgelände Paradies nach **Possenhofen** (Siehe
auch Wegbeschreibung Starnberg-Niederpöcking-Possenhofen).
Die 5,3 Kilometer weite Fahrt dauert eine halbe Stunde. Mauer-
reste und Türmchen erinnern an die frühere Umfriedung des
Schlosses. Es war schon im 12. Jahrhundert im Besitz der Wittelsbacher. Der Kern des Alten Schlosses mit den markanten vier
Türmen stammt aus dem Jahr 1536. Herzog Max in Bayern, der
mit Ludovika, einer Tochter König Max I. Josef und Schwester
Ludwigs I., verheiratet war, kaufte 1834 das Schloss als Sommer-

sitz für seine Familie. Hier verlebte Elisabeth eine unbeschwerte Jugend. »Wie ein Naturkind war sie aufgewachsen inmitten von sieben temperamentvollen Geschwistern, abseits jeden höfischen Zwanges. Sie konnte gut reiten, schwimmen, angeln, bergsteigen. Sie liebte ihre Heimat, vor allem die bayerischen Berge und den Starnberger See …«, schreibt Biographin Brigitte Hamann. Mit Elisabeth toben Ludwig, Carl Theodor, Mathilde, Helene, Marie, Sophie, die spätere Verlobte Ludwigs II., und Max Emanuel durch den Park. Sie spricht Bayerisch, hat unter den Bauernkindern der Nachbarschaft gute Freunde. Der Spitzname »Possi« sagt alles über das bunte, ungezwungene Leben in der Großfamilie des gemütlichen, zitherspielenden Herzogs. Wie ihr Vater hält Elisabeth nichts vom Zeremoniell. Es ist das Gegenteil zur strengen Etikette des Wiener Hofes. Deshalb reden die Habsburger auch verächtlich von der Possenhofener »Vetternwirtschaft«. Als der späteren Kaiserin von Österreich diese Freiheit immer mehr genommen wird, erkrankt sie an einem Gemütsleiden.

»Kein Zutritt!«, steht abwehrend am Eingang des Schloss-Tors. Touristen halten ihre Digitalkamera durch die Stäbe des übermannshohen Metallzauns. Anfang der 80er Jahre hat ein kunstsinniger Privatmann das marode Gemäuer erworben und in Eigentumswohnungen umgebaut. Zuvor hatte es als letzter Wittelsbacher Herzog Ludwig Wilhelm besessen, dann diente das Schloss als Kindererholungsheim und während des Zweiten Weltkriegs als Lazarett. Nach Kriegsende kam es in Privatbesitz und verfiel zunehmend. In einer Fabrikhalle zwischen den Flügeln des 1854 errichteten Hufeisenbaus wurden Motoren gewartet und später Früchte für Pralinen verarbeitet, im alten Schloss tummelten sich Schafe und Hühner. Die modernen »Sisi-Pilger« vermissen ein kleines Museum, das an die »Lady Di des 19. Jahrhunderts« erinnert. Eigentlich legt der Bebauungsplan den Eigentümern nahe, die Schlosskapelle öffentlich zugänglich zu machen. Es sollten sogar Ausstellungs-Vitrinen aufgestellt werden. Aber in dieser exklusiven Umgebung fehlt – man glaubt es kaum – das Geld. Immerhin ist inzwischen das seit Jahrzehnten verschollene Altarbild wieder aufgetaucht und soll nach der Restaurierung seinen angestammten Platz in der Kapelle erhalten, die dann vielleicht auch wieder zugänglich sein wird. Und wie lebt es sich im Schloss, ist etwas vom Genius Loci zu verspüren? »Ach nein«, bekennt Annemarie Bagusat, eine Verwandte der früheren Eigentümer, die im Seitentrakt wohnt. »Hier ist nichts von Sisis Geist zu spüren, das ist einfach ein Haus.«

Liebte die Freiheit und hasste höfischen Zwang: Denkmal Elisabeths im Park des gleichnamigen Hotels.

Stationen einer Kaiserin

24.12.1837: Elisabeth wird in München geboren;

18.08.1853: Verlobung mit Franz Joseph in Ischl;

24.04.1854: Hochzeit in Wien;

05.03.1855: Geburt der Erzherzogin Sophie;

15.07.1856: Geburt der Erzherzogin Gisela;

21.08.1858: Geburt des Kronprinzen Rudolf;

08.06.1867: Krönung Franz Josephs zum König von Ungarn;

22.04.1868: Geburt der Erzherzogin Marie Valerie;

27.05.1872: Tod der Erzherzogin Sophie;

31.01.1889: Selbstmord des Kronprinzen;

10.09.1898: Ermordung Elisabeths in Genf;

21.01.1916: Tod Kaiser Franz Josephs in Wien.

Elisabeths Geist weht aber 700 Meter entfernt im Königssalon des **Bahnhofs Possenhofen**. Wir folgen den Schildern zur S-Bahn und müssen einen steilen Berg erklimmen. Ein großes blaues Schild weist auf den Eingang zum »**Kaiserin Elisabeth Museum**« hin. Zu verdanken ist es der Leidenschaft des Starnberger Antiquars Paul Heinemann für die unglückliche Kaiserin. Heinemann, eine Starnberger Institution, 1940 in Paris geboren und aufgewachsen, hat in Jahrzehnten emsiger Sammeltätigkeit eine ansehnliche Kollektion zusammengetragen, darunter 950 Bilder, viele Originalfotos der Kaiserin, Lithografien, Münzen, Medaillons aus Bronze, eine Urkunde Ludwigs II., ein Schreibbesteck aus ihrem Besitz, Holzbüsten Ludwigs und Elisabeths, ein Beistelltisch, Geschenk der Schwester Sophie, das Tee-Service von Korfu, und und und. Heinemanns Detektivsinn ist es zu verdanken, dass alle Welt jetzt weiß, dass Elisabeths Kosename nicht »Sissi«, sondern »Sisi« lautet. Ihm gelang 1998 der

Nachweis, dass Sisi eine Abwandlung von Lisi, der Kurzform von Elisabeth ist. Der Antiquar starb 2010. In seiner Starnberger Bücherhöhle verwahrte er einen dicken Ordner mit Presseberichten, die damals über seine Entdeckung veröffentlicht wurden. Heinemanns Bestreben war es, die historische Wahrheit über Elisabeth darzustellen und nicht der Kitsch-Figur der Filme von Ernst Marischka zu verfallen. Da war er einer Meinung mit Juliane Reister, der Vorsitzenden des Vereins »Kaiserin Elisabeth Museum Possenofen e.V.« und langjährigen Führerin zu Münchner Brunnen. Der Verein hatte sich gegründet, nachdem auch die Gemeinde Pöcking erkannte, dass man interessierte Urlaubsgäste nicht vor verschlossenen Schlosstoren stehen lassen kann, und 2006 große Teile der Sammlung Heinemann ankaufte. Zusammen mit sechs gleichgesinnten Damen macht Juliane Reister geregelte Öffnungszeiten möglich. »Das Interesse ist enorm«, berichtet die Museums-Direktorin, »Sisi geht gut.«

Den Charme vergangener Zeiten hat das Hotel Kaiserin Elisabeth in Feldafing bewahrt. 24 Sommer verbrachte »Sisi« in diesem Haus.

Die Besucher teilen sich in zwei Gruppen: Leser der Regenbogenpresse, die nur einen oberflächlichen Blick auf die Exponate werfen und bald wieder draußen sind. Und die Experten die schon in Wien und Mayerling waren und sich gerne in Fachdiskussionen einlassen. Sie wissen längst, dass Sisis Mutter Ludovica den Herzog Max eigentlich gar nicht heiraten wollte. Selbst eine Königstochter, »nagte der Wurm« in ihrem Herzen. Zumindest ihre Töchter sollten gute Partien machen. Deshalb ist sie sofort Feuer und Flamme, als ihre Schwester Sophie, die Mutter des österreichischen Kaisers Franz Joseph, durchblicken lässt, dass sie eine Frau für ihren Sohn sucht. Wie es denn mit Prinzessin Helene wäre, älter und ruhiger als die freche Sisi, wie sie Romy Schneider in den Marischka-Filmen mimen musste. Die Possenhofener reisen nach Bad Ischl, wo sie die kaiserliche Familie erwartet. Dort schlägt der »Liebesblitz« ein. Beim ersten Zusammentreffen verguckt sich Kaiser Franz Joseph in die liebreizende, ungezwungene Elisabeth, seine Cousine. Die 15-jährige Braut »war ein kaum entwickeltes, noch längst nicht ausgewachsenes schüchternes Kind mit dunkelblonden langen Zöpfen, überschlanker Gestalt und hellbraunen, etwas melancholisch dreinblickenden Augen«, so die Biografin. Dem Landmädchen überreicht der 23 Jahre alte hübsche Kaiser den Verlobungsstrauß, nicht der älteren Helene, die ihm eigentlich zugedacht war. »Ein Fehler«, sagt Juliane Reister, »Helene wäre die bessere Kaiserin gewesen.«

Da gibt es auch noch den Freund im Geiste, den introvertierten Ludwig II. Der Starnberger See hat die beiden »Königskinder« zusammengeführt – und wieder getrennt. Das Kreuz am Ostufer markiert die Stelle, wo am 13. Juni 1886 die Leichen von König Ludwig und Dr. Gudden im See gefunden worden sein sollen. Elisabeth weilte zu diesem Zeitpunkt in Feldafing. Sie ist eine der ersten, die herüber nach Berg kommt und den toten König sieht. Sie bringt ihm Jasmin-Blüten, Ludwigs Lieblingsblumen. Der tote Monarch wird später mit diesem Sträußchen in Händen in der Münchner Michaels-Kirche beigesetzt.

Wer alles erklärt haben möchte, muss für das Museum bis zu eineinhalb Stunden Zeit einplanen. Danach geht es zurück zum Schloss und zweieinhalb Kilometer nach Süden am See entlang bis zu dem Rondell, von dem aus Fährmann Norbert Pohlus die Besucher mit seiner Plätte hinüber auf die **Roseninsel** fährt. Dort stand im Casino einst ein Sekretär mit einem Geheimfach, ein »toter Briefkasten«. Nur Elisabeth und Ludwig II. hatten dazu die Schlüssel – und tauschten dort Botschaften voll gegenseitiger Verehrung aus. Der Wittelsbacher Ludwig II. ist acht Jahre jünger als Elisabeth, seine Cousine. Die beiden sind sich in ihrem Wesen sehr ähnlich. Er beschreibt sich in einem Gedicht für das Geheimfach als »Adler« hoch über den Bergen, sie ist seine »Möwe«. Über die Gedichte gelingt die Flucht aus der Wirklichkeit, an der beide letztlich zerbrechen. Es sind die »Ventile ihrer Seelen«. Der frühe Tod seines Vaters Max II. macht Ludwig schon in jungen Jahren zum Monarchen. Später flüchtet er sich in die Traumwelt seiner Schlösser. Diese Schlösser waren mehr als die Produkte eines Phantasten, sie waren ein geistiges Programm. Ludwig liebte den Frieden, Wagners Musik, die schönen Dinge. Inneneinrichtungen stimmte er stundenlang bis in die Details aufeinander ab. In der Zeit des mächtigen Bismarck waren die Schlösser für Ludwig auch Symbol einer längst verlorenen Macht als absolutistischer Herrscher. Schließlich war er der König!

Vom Rondell aus, wo früher die Kutschen wendeten, nehmen wir den zum Hang hin ansteigenden Weg, biegen gleich darauf rechts ab und dann wieder links und stehen nach ein paar Metern vor dem Wegweiser »Kaiserin Elisabeth Weg«. Über den Golfplatz geht es hinauf zum altehrwürdigen **Hotel Kaiserin Elisabeth**. Auch als Habsburgerin zog der See Elisabeth immer wieder magisch an. 24 Sommer verbringt sie in dem später mit gnädigster Genehmigung

Ein Leben für Elisabeth: Der Starnberger Antiquar Paul Heinemann sammelt seit Jahrzehnten Erinnerungsstücke an die Kaiserin.

des Hofes nach ihr benannten Hotel. Wir nehmen auf der Terrasse Platz und genießen den Blick auf See und Karwendel-Gebirge. Hier vermischte sich früher Veilchen-Parfum mit dem Duft dicker Davidoff-Zigarren. Ein kleiner Spaziergang durch den Hotelpark führt zum **Elisabeth-Denkmal** an ihrem Lieblingsplatz. Es ist eine Stiftung aus Österreich. Die Bayern haben es nicht geschafft, ein eigenes Elisabeth-Denkmal aufzustellen, bemerkt Frau Reister.

Nicht fehlen darf ein Blick in die Stallungen, in denen die »narrische« Reiterin ihre Pferde satteln ließ, um inkognito zu Ausritten aufzubrechen. Wenn wir Glück haben und niemand drin ist, dürfen wir auch die Suite der Kaiserin im ersten Stock ansehen. Hotelchef Tino von Gleichenstein bringt viel Verständnis für die Wünsche der Sisi-Fans auf und hat sogar ein Kochbuch mit den »Menüs der Kaiserin Elisabeth« geschrieben. Die in blau gehaltenen Räum-

*Nach dem tragischen Tod seiner Gattin hat Kaiser Franz Joseph zur Erin-
nerung dieses Fenster in der Feldafinger Kirche gestiftet.*

lichkeiten dominiert ein mächtiges, goldfarbenes Doppelbett. Die
Fauteuils sind in der Lieblingsfarbe der Habsburger bezogen – pur-
purroter Damast. Aus dem Fenster schweift der Blick in die Ferne.
Elisabeth wollte frei sein wie ein Vogel, entzog sich dem Hof durch
lange Aufenthalte auf Madeira und Korfu. Auf einer Insel wollte sie
auch begraben werden. Wie Lady Di. Doch das verhinderte wieder die höfische Etikette. 1898 ersticht sie ein Anarchist in Genf. Ihr
Leichnam wird in der Kapuziner-Gruft in Wien beigesetzt.

In der 200 Meter entfernt im Ort gelegenen alten **Pfarrkirche
St. Peter und Paul** sind zwei Kirchenfenster auf der Nordseite
von Bedeutung. Das rechte hat Kaiser Franz Joseph nach Elisabeths Tod gestiftet. Es zeigt Elisabeth von Thüringen, die von
Elisabeth sehr verehrt wurde. Das linke stammt von der Familie
Thurn und Taxis in Erinnerung an Helene, die Erbprinz Maximilian von Thurn und Taxis geheiratet hatte. Dargestellt ist die
heilige Helena, die das Kreuz Christi gefunden haben soll. Eine

Besichtigung der Kirche muss mit dem katholischen Pfarramt in Pöcking (08157/1258) vereinbart werden. In Pöcking lebt auch Otto von Habsburg. Hätte es keine Revolution gegeben, wäre er heute Kaiser. Aber das ist eine andere Geschichte.

Kunsthistorisch Interessierten sei noch der **Feldafinger Kalvarienberg** empfohlen, dessen gusseiserne Stationen aus dem vorletzten Jahrhundert stammen und an einer lebensgroßen, beklemmend echt wirkenden Kreuzigungsgruppe enden. Am 9. September 1888, dem Tag der Diamantenen Hochzeit des Herzogspaares Ludovika und Max, Elisabeths Eltern, wurde die Kreuzigungsgruppe eingeweiht.

Wir erreichen den Kalvarienberg von der Kirche aus über die Bahnhofstraße, die Traubinger-, Ascheringer-, Wielinger- und schließlich die Kalvarienbergstraße. Für den Besuch fällt eine zusätzliche Stunde an.

Wir nehmen denselben Weg in den Ort zurück, fahren aber nicht durch den Park, sondern ein paar Meter nach rechts auf der Possenhofener Straße Richtung Starnberg, um gleich darauf nach links in die Seestraße einzubiegen und dieser zu folgen. Erwähnenswert ist nach einer Linkskurve das »Haus Roseninsel« (Seestraße 16). Die spätklassizistische Villa aus dem Jahr 1869 kam wenig später an die Münchner Geldverleiherin Adele Spitzeder. Nach deren spektakulärer Pleite musste sie das Anwesen wieder verkaufen. Am See entlang radeln wir zurück nach **Starnberg** und sind eine gute halbe Stunde später wieder am S-Bahnhof.

Personenregister

Impressum

Titelbild: Historische Darstellung des Midgard-Hauses am Starnberger See. Mit freundlicher Genehmigung von Paul Heinemann, Antiquar Starnberg.

Bildnachweis:

S. 59: Thomas Mann, »Villino«, privat; S. 90: Findling, privat; S. 94: Carl Spitzweg, Ankunft in Seeshaupt, Museum Georg Schäfer, Schweinfurt; S. 125: Loriot, Gemeinde Münsing; S. 107: Biene Maja, Waldemar-Bonsels-Stiftung; alle übrigen Fotos: Sabine Bader und Manfred Hummel.

Gestaltung und DTP: Der Buch*macher* Arthur Lenner, München
Covergestaltung: Christian Weiß, München
Kartographie: Achim Norweg, München
Lithographie: Helio Repro, München
Druck und Bindung: Westermann Druck, Zwickau
Printed and bound in Germany

ISBN 978-3-939499-08-4